REZEPTE
FÜR EINEN GESUNDEN DARM

REZEPTE

FÜR EINEN GESUNDEN DARM

Texte und Rezepte: Sandra Strehle, Christiane Schäfer
Fotos: Jörn Rynio

THEORIE

HÖREN SIE AUF IHREN BAUCH UND SCHMEICHELN SIE IHM

REZEPTE

BAUCHSCHMEICHLER-REZEPTE

FÜR UNBESCHWERTEN GENUSS

HÖREN SIE AUF IHREN BAUCH

und schmeicheln Sie ihm

Ihr Bauch rumort, ist ständig unruhig – immer mal wieder kneift und zwickt es. Es ist zu viel Luft im Bauch, der Stuhlgang ist mal zu weich oder auch zu hart? Ihr Darm ist empfindsam und streikt ab und an? Und trotzdem hat eine ausführliche medizinische Diagnostik keinen Verursacher finden können? Dann ist dieses Buch genau richtig für Sie. Wir haben für Sie in diesem »Bauchschmeichler«-Buch wieder unsere Tipps und Tricks zusammengetragen, damit es Ihrem Bauch bald dauerhaft besser geht.

WENN ES IM BAUCH RUMORT

Nicht zuletzt weil der Darm 80 % unseres Immunsystems ausmacht, lohnt es sich, ihn ständig zu pflegen. Denn wer sich um seinen Bauch kümmert, sorgt auch gut für sich.

Magen- und Darmbeschwerden können vielfältigste und sehr individuelle Ursachen haben, und nicht immer gilt 1 + 1 = 2. Daher ist es bei der Ursachensuche wichtig, alle Aspekte miteinzubeziehen. Möglicherweise machen Sie bezüglich der Speisenauswahl bereits alles perfekt. Wenn aber die Kombinationen von Lebensmitteln, Esstempo, Mahlzeitenabständen oder der tägliche Rahmen für die Mahlzeiten ungünstig sind, kann der Erfolg von Ernährungsveränderungen trotzdem auf sich warten lassen.

DIE VIELFALT SINNVOLL NUTZEN

Im Konsumschlaraffenland gibt es für jeden Geschmack, jedes Portemonnaie und jede vorhandene Kochkompetenz ein Produkt. Im bunten Warenangebot ist auch aus Sicht des Darms für jeden etwas vorhanden.

DER TAG STARTET: DAS FRÜHSTÜCK

Frisches Obst zu schnippeln und es dann unter Naturjoghurt zu rühren ist zwar deutlich zeitaufwendiger, als den fertigen Fruchtjoghurt einfach zu löffeln, aber ein empfindlicher Darm dankt es Ihnen, weil er damit die Nährstoffe geliefert bekommt, die er braucht. Meist noch verträglicher ist ein selbst zubereiteter Porridgebrei aus Haferflocken, unter den ein kühler Joghurt mit frischen Obstschnitzen und ein paar Mandelkerne gemischt werden.
Als Zwischensnack locken vermeintlich gesunde Riegel aus Vollkorngetreide, umhüllt von zarter Schokolade. Welche Naschkatze mag da schon Nein sagen? Darmgesund sind diese Mahlzeiten jedoch nicht. Unser Darm würde leckere Gemüsesticks mit Nüssen oder etwas Käse als Zwischenmahlzeit wählen – allerdings kommt er gegen den hausgemachten Süßhunger oft nicht an.

DIE MITTAGSPAUSE

Leider hält die Kantinenkost meist den Ansprüchen unseres Darms nicht stand: Wünschenswert wären große Gemüsemengen, gerne auch verschiedene Sorten und eine attraktive Proteinbeilage. Aber stattdessen ist die Verdauung mit Mengen an Sättigungsbeilagen wie Nudeln, Reis & Co. beschäftigt. Viel zu große Portionen liegen uns buchstäblich im Magen. Daher muss am Nachmittag meist gegen das Kreislauftief, das durch diese Schwerstarbeit entsteht, »etwas Kleines« her. Vorzugsweise greifen viele hier wieder nach Süßem. Wesentlich dankbarer wäre Ihr Darm jedoch für eine Obstspeise oder ein Obstteilchen.

DER TAG NEIGT SICH: ABENDBROT

Die Schnitte zum Abendbrot muss meist zügig auf den Tisch, weil entweder der Termin mit den Freunden oder der gute Film nicht verpasst werden darf. Und für die Spätheimkommer, die noch im Sportstudio einen Zwischenstopp einplanen und deshalb vorher nichts essen, ist es meist schon spät. Müde macht das Kochen um diese Uhrzeit keinen Spaß mehr – und außerdem ruft das Bett. Sie denken, das ist übertrieben? Ja, das mag so sein – vor allem weil Sie bereits auf Ihren Bauch hören und schon einiges in Ihrer Ernährung verändert haben. Doch für viele ist Essen nur notwendiges Übel. Dabei ist es der Treibstoff für unseren Körper. Die meisten betanken ihr Auto nicht mit dem günstigeren E10, weil es dem Motor schaden könnte. Wenn jeder auch so fürsorglich zu seinem Bauch wäre ...

STELLEN SIE IHREN INDIVIDUELLEN SPEISEPLAN AUF

Der eine Mensch hat eine Vorliebe für Obst, der Nächste macht einen Bogen um Rohkost. Der eine hat einen langen Darm, der nächste Darm ist kurz. Die Zauberstrategie für alle Bauchpatienten ist daher das symptomorientierte Zubereiten, Kochen und Essen. Das heißt: Erst einmal schauen wir uns an, wie das alles in unserem Körper funktioniert und wie wir es beeinflussen können. Wenn wir dann das Warenangebot kritisch unter die Lupe nehmen, ist diese Vielfalt im Angebot durchaus behilflich – Sie müssen sie nur richtig und individuell angepasst zu nutzen lernen.

UNSER DARM: SO FUNKTIONIERT ER

In dem Moment, in dem wir uns etwas in den Mund stecken, beginnt unser Körper mit der Verarbeitung und somit der Verdauung unseres Essens.

GUT GEKAUT, IST HALB VERDAUT

Im Mund zerkleinern wir unser Essen und vermischen es mit Speichel. Mit dem Schlucken beginnt dann der Transport durch den bis zu acht Meter langen Magen-Darm-Trakt.

DER MAGEN ALS SÄUREDUSCHE

Im Magen wird die Nahrung zerkleinert und einer »Säuredusche« unterzogen, die kaum ein Bakterium überlebt. Dieses Absäuern ist für das Miteinander im Darm wichtig. Deshalb kann es zu Beschwerden kommen, wenn der Magen durch Medikamente wie Säureblocker nicht mehr sauer genug ist. Der Magen ist ein starker Muskel, der den Speisebrei rotierend von unten nach oben wirft und ihn so mit Magensäure und Verdauungsenzymen durchmischt. Sind die Speisen klein und sauer genug, kommen sie in den Dünndarm. Somit ist nicht nur die Konsistenz, sondern auch die Zusammensetzung des Speisebreis für die Verweildauer im Magen entscheidend.

NÄHRSTOFFAUFNAHME IM DÜNNDARM

Die Verdauung im Dünndarm ist komplex: Direkt nach dem Magen müssen die Verdauungssäfte aus Galle und Bauchspeicheldrüse unter den Speisebrei gemengt werden. Gleichzeitig sitzen im oberen Dünndarmabschnitt Transportproteine, die wie Greifarme relativ rasch Zuckermoleküle aus dem Speisebrei ins Blut transportieren. Im mittleren und tieferen Dünndarm findet anschließend die Hauptspaltungs- und Resorptionsarbeit für Eiweiße und Fette statt.

DER DICKDARM DICKT EIN

Im Dickdarm, der wie ein umgedrehtes U im Unterleib liegt, wird der Stuhl zu einer gleitfähigen Konsistenz eingedickt und zum Ausgang befördert. Rutscht die Stuhlmasse zu schnell durch oder ist die Rückresorption von Wasser nur niedrig, bleibt der Stuhl wässrig, und dies kann zu Durchfall führen. Ist die Transitzeit im Dickdarm dagegen lange, oder bindet die Stuhlmasse nicht genügend Wasser und Luft, wird der Stuhl hart bis knotig und kann sich festsetzen. Besonders empfindliche Bereiche im Dickdarm sind die linke und rechte Dickdarmkurve direkt unterhalb des Rippenbogens. Hier kann sich Luft festsetzen, die sich mit Stechen und Ziehen bemerkbar macht.

VERWEILDAUER IM MAGEN

Wenn Essen »schwer im Magen liegt«, kann das für Patienten mit Bauchbeschwerden durchaus positiv sein. Es bleibt länger im Magen – und das ist gut so. Kohlenhydratreiche Mahlzeiten bleiben mit 30 bis 60 Minuten kürzer im Magen als eiweiß- und/oder fetthaltige mit bis zu fünf Stunden. Der Speisebrei kommt dadurch im Dünndarm langsamer sowie in kleineren Portionen an. Das verbessert die Verträglichkeit.

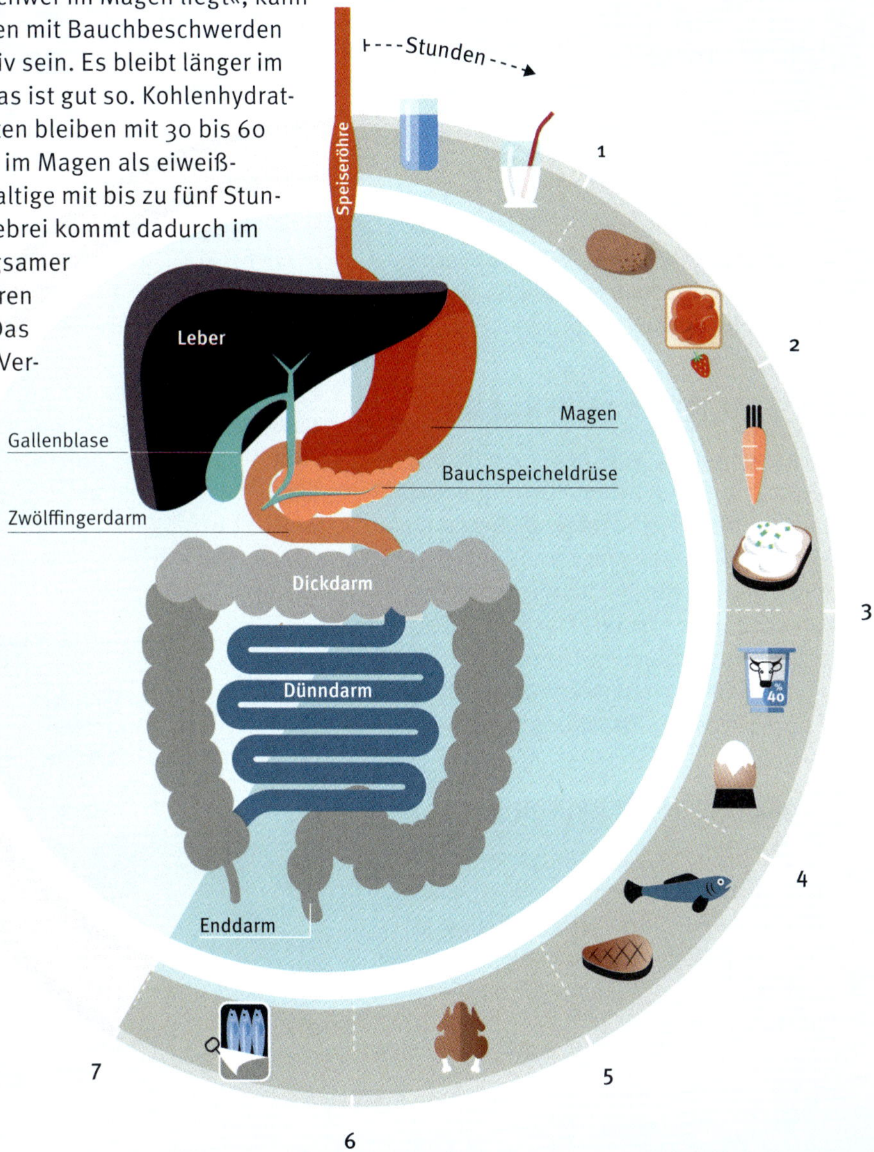

DIE WELT IN UNS: unsere Darmbewohner

In unserem Magen und Darm leben knapp 2,5 Kilogramm Keime (Mikrobiom). Ihre Zusammensetzung hängt von unserer Ernährung, physiologischen Gegebenheiten sowie Krankheiten oder Medikamenten ab.

Ein gesundes Mikrobiom unterstützt die Verdauungsarbeit und stärkt die Darmbarriere, die Eintrittsstelle sowohl für Nährstoffe als auch für Keime ins Körperinnere.

DARMBAKTERIEN LIEBEN GEMÜSE …

Ein hoher Anteil an gekochtem und rohem Gemüse in der täglichen Ernährung ist für Bauchpatienten eine tragende Säule. Gerade bei Beschwerden im Bauch wird Gemüse unterstellt, es würde Blähungen, Ziehen und Kneifen verstärken. Doch das Gegenteil ist der Fall: Der tägliche Verzehr von Gemüse in der richtigen Auswahl ist die effizienteste Waffe gegen Bauchbeschwerden.

… UND SAUERMILCHPRODUKTE

Traditionell hatten milchsauer vergorene (fermentierte) Lebensmittel einen festen Platz in unserer Ernährung. So bekamen die guten Darmbewohner regelmäßig Nachschub an aktiven Milchsäurebakterien. Sauerkraut, Salzgurken oder milchsauer eingelegter Blumenkohl haben jedoch leider an Attraktivität eingebüßt. Daher müssen wir mit frischen, nicht abschließend wärmebehandelten Sauermilchprodukten für ein gutes Miteinander sorgen. Ayran, Butter-, Schweden- und Dickmilch, Naturjoghurt, Kefir, (Süß-)Molke, Quark und (saure) Sahne enthalten noch aktive Milchsäurebakterien, manche davon in hoher Zahl. Verarbeitungsprozesse beeinflussen die Besatzstärke negativ, sodass beispielsweise Fruchtjoghurt, Schmand, saure Sahne oder Crème fraîche geringeren Nutzen für das Mikrobiom haben.

PROBIOTIKA – LANGSAM STEIGERN

Als Probiotika werden laut Bundesinstitut für Risikobewertung Produkte bezeichnet, welche »definierte lebende Mikroorganismen enthalten, die in ausreichender Menge in aktiver Form in den Darm gelangen und dadurch positive gesundheitliche Wirkungen erzielen«. Probiotische Joghurts enthalten solche robusten Mikroorganismen, die von der Magensäure nicht abgetötet werden und im Darm in großer Anzahl lebend ankommen. Deshalb kann es sein, dass manche probiotischen Produkte zunächst vom Bauch nicht so gut vertragen werden. Fangen Sie daher am besten mit einem normalen Quark oder Joghurt an bzw. verwenden Sie solche speziellen Produkte erst nach Absprache mit Ihrem Ernährungstherapeuten. Den Verzehr in kleinen Mengen und das langsame Steigern der Portionen vertragen empfindsame Bäuche besser.

Sauermilchprodukte können die Bildung eines gesunden Darmklimas unterstützen – allerdings nur, wenn wir sie regelmäßig und maßvoll verzehren. Auch bei den »guten Jungs« in unserem Darm gibt es Machtkämpfe, deshalb sind eine ausgewogene Mischung und das richtige »Futter« wichtig. Zwei Portionen Sauermilchprodukte pro Tag sind ein gutes Maß. »Produkt-Hopping« ist dabei wünschenswert, also mal den Joghurt von Firma X und mal den Quark von Firma Y zu essen. Denn unterschiedliche Produkte enthalten auch unterschiedliche Keime. Joghurts mit Fruchtzubereitungen, Puddings, Frischkäse- und Quarkzubereitungen sind hinsichtlich der Darmflora weniger hilfreich. Sie sind zwar ähnlich verpackt und stehen im Kühlregal direkt nebeneinander, sind aber für das Miteinander und Aufrechterhalten einer gesunden Darmflora weniger günstig als die Naturprodukte.

H-PRODUKTE FÜR DEN DARM? NEIN, DANKE!

Dem Wunsch nach längerer Haltbarkeit der Milch sind heute Verfahren wie ESL (länger haltbare Milch) und UHT (H-Milch) geschuldet, bei denen der Keimbesatz stark oder total eingeschränkt wird. Einfach gesagt, ist der Anteil an aktiven Mikroorganismen umso geringer, je länger haltbar die Milch ist. H-Milch und Produkte daraus sind deshalb für unsere Darmflora eher ungünstig. Beschwerden wie Blähungen, übel riechende Winde und wechselnde Stuhlkonsistenz kündigen dann das unerwünschte Durcheinander der Mikroorganismen im Darm an. Wird dann nicht an der grundlegenden Ernährung etwas verändert, bauen die Darmbewohner ihre Kolonien um. Das hat meist zur Folge, dass die Empfindsamkeit steigt und die Symptome zunehmen.

WASSER IST DAS LEBENSELIXIER

Haben Sie schon einmal ein Trinktagebuch geführt? Nein? Dann wird es aber höchste Zeit! Bei allen Bauchpatienten liegt in der Flüssigkeitszufuhr oder Verteilung meist Optimierungsbedarf, denn es gibt viele Stolperfallen.

VIELE TRINKEN ZU WENIG

Die empfohlene Menge an Flüssigkeit beträgt 1,5 bis 2,0 Liter pro Tag, die Sie am besten gleichmäßig über den Tag verteilen sollten. Vermeiden Sie eine sogenannte Druckbetankung. Damit ist gemeint, dass Sie sehr lange nichts trinken, um dann das Wasserdefizit mit einer großen Flüssigkeitsmenge auf einmal wieder auszugleichen. Je älter wir werden, umso nachlassender wird unser Durstempfinden. Daher ist das oberste Ziel, schon in jungen Jahren auf eine ausreichende Flüssigkeitsbilanz zu achten. Ansonsten startet man schon schlecht versorgt ins Alter.

TRINKEN SIE MIT BEDACHT

Mineralwasser – still oder mit Kohlensäure – wäre die beste Wahl für Ihren Darm. Aber Fitness-, Wellness- und Sportgetränke sorgen mit peppigen Schlagwörtern wie active, fresh, vital, wellness oder balance für ein scheinbar gesundes Image. Doch sinnvoll sind sie nicht: Meist handelt es sich um Mixgetränke auf Wasserbasis mit Frucht- oder Kräutergeschmack. Also um Wasser mit Zusatzstoffen, aber ohne Zusatznutzen.

Saft oder Schorle?

Werten Sie Obst- und Gemüsesäfte sowie -nektare als vollständige Zwischenmahlzeit. Denn wer nur auf Saftschorlen und Säfte zurückgreift, bekommt langfristig ein Kalorien- und Zuckerproblem.

Milchmixgetränke & Co.

Um Milch, Milchmixgetränke, Buttermilch und Ayran zu verdauen, benötigt der Körper Wasser, um deren Abbausubstanzen über die Niere ausspülen zu können. Deshalb zählen sie nicht mit zur Flüssigkeitszufuhr.

Kein gesunder Trend: der Smoothie!

Es klingt so gesund: eine flüssige Portion Obst! Doch physiologisch ist der Smoothie ein Graus. Vom Mund fällt er direkt in den Magen. Da er aber schon fein püriert ist und auch noch überwiegend aus Fruchtzucker besteht, gelangt er von dort in großen Portionen direkt in den Dünndarm. Sättigungshormone werden umgangen. So kommen in Nullkommanix erhebliche Kalorienmengen mit einem schlecht zu verwertenden Zucker in den Dünndarm. Die Folge: Die zuckerliebenden Bakterien werden gefüttert, und der Hunger kehrt schnell zurück.

TRINKEN GERNE – ABER RICHTIG!

Der Beispiel-Getränkeplan zeigt, worauf es ankommt

DIE RICHTIGE TEMPERATUR IST ENTSCHEIDEND

- Empfindliche Bäuche vertragen eher Getränke mit Raumtemperatur statt kalter Getränke.
- Bei zu festem Stuhlgang können kalte oder heiße Getränke den Stuhlgang fördern.

ZU HARTER STUHL?

Wer Schwierigkeiten mit festem Stuhl hat, kann mit Trinken in größeren Schlucken und häufig auch über kohlensäurehaltige Getränke den Darm zu mehr Bewegung anregen!

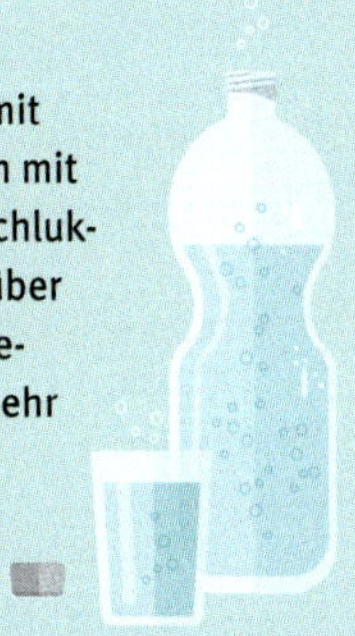

SCHMERZEN? ZU VIEL LUFT IM BAUCH?

Bei viel Luft im Bauch sind kohlensäurehaltige Getränke ungünstig.

ZU WEICHER STUHL?

Ist eher zu weicher Stuhl das Problem, sollten Sie nur in kleinen Schlucken über den Tag verteilt trinken und kohlensäurehaltige Getränke meiden.

KAFFEE UND TEE SIND GENUSSMITTEL

- Wenn Sie zu den Viel-Kaffee- oder Teetrinkern gehören, prüfen Sie welche Tassen dringend notwendig sind.
- Kaffee und kurz aufgebrühter Schwarztee, können bei empfindsamen Bäuchen die Darmbewegungen steigern.
- Langgezogener Schwarztee kann zu festeren Stühlen führen.

EIWEISS – BAUSTEIN DES LEBENS

Von diesem Nährstoff können die meisten Menschen durchaus mehr vertragen. Und wenn Sie die Auswahl an eiweißhaltigen Lebensmitteln geschickt kombinieren, entlasten Sie auch Ihren Bauch!

Eiweiße machen zwar den kleinsten Energieanteil in unserer täglichen Speisenzusammensetzung aus, sind aber die wichtigsten Körperbausteine. Alle Eiweiße (Proteine) bestehen aus kleinen Einheiten (Aminosäuren), die für viele Stoffwechselprozesse wie beispielsweise Verdauung, Nervenerregung oder Hormonregulierung mitverantwortlich sind. Tierische Nahrungsproteine lassen sich für uns Menschen effizienter in körpereigenes Eiweiß umsetzen als Pflanzenproteine, weil sie dem menschlichen Eiweiß ähnlicher sind. Deshalb sind Kombinationen von Tier- und Pflanzeneiweiß (z. B. von Quark und Pellkartoffeln) reinem Pflanzeneiweiß meist qualitativ überlegen, sie übertreffen sogar noch die biologische Wertigkeit (siehe Kasten links) der tierischen Proteinquelle, da sich die Eiweißbausteine ideal ergänzen. Günstige Aminosäuremuster in der Pflanzenwelt bieten die Hülsenfrüchte. Je nach Zubereitungsart und Menge sind auch Erbsen, Linsen oder Bohnen eine wichtige Säule in unserer Bauchschmeichler-Kost.

Eiweißhaltige Lebensmittel müssen im Magen gründlich vorverdaut werden. Dadurch verlängert sich die Verweildauer im Magen und Sie bleiben lang anhaltend satt, was beides wünschenswert ist.

DIE BIOLOGISCHE WERTIGKEIT

Als biologische Wertigkeit bezeichnet man die Effizienz, mit der das verzehrte Nahrungseiweiß in körpereigenes Eiweiß umgesetzt werden kann. Je besser es umgebaut werden kann, umso höher ist die biologische Wertigkeit. Dabei gilt das Ei mit einer biologischen Wertigkeit von 1,0 als Referenzwert.

WICHTIGE EIWEISSLIEFERANTEN

Als tierische Eiweißquellen stehen uns vor allem Milch und Milchprodukte, vorzugsweise Sauermilchprodukte, aber auch Fisch, Eier, Fleisch und Geflügel zur Verfügung, die Sie am besten mit pflanzlichem Eiweiß aus Hülsenfrüchten, Gemüsen und Getreideprodukten kombinieren.

ALLES DRIN – AUCH OHNE FLEISCH UND FISCH?

Die Eiweißqualität lässt sich auch nur mit einer vegetarischen Ernährung gut und sicher erzielen. Prinzipiell schafft eine vegetarische Ernährung eine optimale bis befriedigende Bedarfsdeckung aller Nährstoffe, sofern sie ohne einschränkende Lebensmittelauswahl umgesetzt wird. Ähnlich wie die Eisen- und B12-Versorgung bedarf auch die Zinkzufuhr der besonderen Aufmerksamkeit: Wenn vegetarische Bauchpatienten aus Verträglichkeitsgründen auf Vollkornprodukte und Hülsenfrüchte verzichten, kann es zu einem Zinkmangel kommen.

Die Verzehrsmengen in der Tabelle garantieren bei einem Kalorienbedarf von ca. 2000 kcal eine ausgewogene Bilanz, wenn sie Umsetzung in die täglichen Speisepläne finden. Bei sehr eingeschränkter Lebensmittelauswahl aufgrund von Erkrankungen des Darms (beispielsweise Diarrhö, Absorptionsstörungen, Operationen), bei bestimmten Bevölkerungsgruppen (Schwangere, Stillende, ältere Menschen) und einer dauerhaften Medikamenteneinnahme ist eine Anpassung an den dann meist erhöhten Nährstoffbedarf sinnvoll. Der Energiebedarf ändert sich in solchen Situationen häufig jedoch nicht.

VERZEHRMENGEN FÜR EINE AUSGEWOGENE EIWEISSBILANZ

LEBENSMITTEL	EMPFOHLENE LEBENSMITTELMENGEN
Wasser und andere alkoholfreie Getränke	1–2 Liter/Tag
Gemüse (inkl. erhitzter Frischkost)	mind. 400 g/Tag
Hülsenfrüchte	mind. 1–2-mal/Woche 40 g (Rohware) oder 220 g (gekocht)
Sojaprodukte oder andere Proteinquellen (z. B. Seitan)	50–150 g/Tag
Nüsse, Kerne oder Ölsaaten	30–60 g/Tag
Obst	250–300 g/Tag
Vollkornprodukte, Kartoffeln	2–3 Mahlzeiten/Tag Getreide/Reis (80 g Rohware bzw. 220–250 g gekocht), 2–4 Kartoffeln (220–250 g) oder 2–3 Scheiben feines Vollkornbrot
Milch oder Milchprodukte	Milch (150–200 ml), Joghurt (ca. 150 g) und Käse (ca. 50 g) oder entsprechende Anteile mischen

FETT: WICHTIGER ALS GEDACHT

Nicht zu viel und nicht zu wenig Fett in den Mahlzeiten ist für eine geregelte und gute Verdauung wesentlich. Gerade bei Schmerz- und Blähungspatienten kommt dem angepassten Fettanteil in der Nahrung eine führende Rolle zu.

DIE RICHTIGE MENGE FETT ENTLASTET DEN DARM

Zum einen erhöht Fett die Verweildauer der Speisen im Magen. Das ist gut so. Zwar signalisiert unser Körpergefühl erst einmal: Da liegt etwas schwer im Magen. Aber eigentlich liegt es nicht schwer, sondern nur länger dort. In der Folge sind die Portionsgrößen, die an den Dünndarm weitergegeben werden, kleiner, können besser bearbeitet werden, und der empfindsame Darm wird entlastet. Zum anderen besteht im Dünndarm bei einem fetthaltigen Speisebrei der Kontakt mit der Darmwand länger, wodurch die Verdauung effektiver wird. So können entstehende Gase besser ins Blut diffundieren, werden also stärker abgebaut und machen im Darm weniger Ärger. Und das Beste: Nach einer Mahlzeit mit einem angepassten Fettanteil sind wir länger satt, und unser Essen wird verträglicher. Daher steht bei der Bauchschmeichler-Kost genussvolles Schlemmen mit angemessener Fettmenge und hoher Fettqualität im Fokus.

WÄHLEN SIE FETTE SORGFÄLTIG AUS

Fettsäuren sind neben Glyzerin die Hauptbestandteile von Fett. Man unterscheidet gesättigte und ungesättigte Fettsäuren. Gesättigte Fettsäuren aus Butter, Fleisch, Käse, Sahne, Schmalz, Speck, Wurst, Kokos- und Palmkernfett dienen in unserem Körper vorrangig der Energiespeicherung und -gewinnung. Sie sind Bestandteil von Zellwänden und übernehmen wichtige Funktionen im Immunsystem.
Ungesättigte Fettsäuren besitzen einen Molekülaufbau, der sie beweglicher macht. Lebensmittel, die solche enthalten, sind

OMEGA-3 VERSUS OMEGA-6

Omega-3-Fettsäuren verbessern den Blutfluss und wirken hohem Blutdruck entgegen. Sie beeinflussen rheumatische Erkrankungen positiv, indem sie entzündliche Prozesse vermindern. Besonders wertvoll sind die Omega-3-Fettsäuren Docosahexaensäure (DHA) und die Eicosapentaensäure (EPA), die in fettreichen Seewasserfischen (z. B. Hering, Makrele, Lachs) und bestimmten Algen vorkommen. Pflanzenöle (z. B. Leinöl, Walnussöl, Rapsöl) enthalten lediglich die Omega-3-Fettsäure alpha-Linolensäure, die vom Körper in begrenztem Maße in EPA und DHA umgewandelt werden kann. Linolsäure ist der bekannteste Vertreter der Omega-6-Fettsäuren, welche nur in bestimmten Mengen aufgenommen werden sollten. Denn ein Zuviel an Omega-6-Fettsäuren blockiert die Umwandlung der Omega-3-Fettsäuren in EPA und DHA und kann daher entzündungsfördernd wirken.

deshalb weicher oder sogar flüssig. Auch ungesättigte Fettsäuren fungieren im Körper als Baustoffe, daneben werden sie als Botenstoffe eingesetzt und greifen in Immun- sowie Entzündungsprozesse ein. Man unterteilt sie in einfach und mehrfach ungesättigte Fettsäuren. Mehrfach ungesättigte Fettsäuren (z. B. Omega-3- und Omega-6-Fettsäuren) sind für den menschlichen Organismus essenziell. Nach dem derzeitigen Kenntnisstand nehmen wir schon ausreichend mehrfach ungesättigte Fettsäuren auf, allerdings häufig nicht im richtigen Verhältnis. Gesundheitsfördernd für uns ist ein Verhältnis von fünf Teilen Omega-6-Fettsäuren zu einem Teil Omega-3-Fettsäuren in unserem Essen.
Bauchschmeichelnde Fettlieferanten sind Pflanzenöle, wie Oliven-, Raps-, Hanf-, Lein-, Rapskern-, Walnuss- und Weizenkeimöl, sowie Avocados, Nüsse und Ölsaaten. Neben Fett enthalten Walnuss, Sesam & Co. große Mengen an Ballaststoffen, die ebenfalls beschwerdelindernd wirken können.

KOHLENHYDRATE

Sie sind der Energie-Booster für den Körper. Doch zu viel davon tut Ihrem Bauch nicht gut und lässt sich als Fettpolster auf den Hüften nieder.

ZUCKER: EINS, ZWEI, VIELE

Unser Körper kann nahezu aus jedem Fett oder Eiweiß Energie herstellen und auch Zuckermoleküle aufbauen. Das ist gut so, denn Glukose ist unser Treibstoff. Sie muss immer und überall im Körper schnell verfügbar sein. Glukose (Traubenzucker) ist wie Fruktose (Fruchtzucker) ein Einfachzucker, der kleinste Baustein der Kohlenhydrate. In verschiedenen Kombinationen ergeben sie die nächste Zuckergruppe, die Zweifachzucker, wie z. B. Saccharose (Haushaltszucker) oder Laktose (Milchzucker). Sind mehrere oder sehr viele Zuckermoleküle miteinander verknüpft, spricht man von Mehrfach- oder Vielfachzuckern. Dazu zählen Stärke und einige Ballaststoffe. Werden die Zweifach-, Mehrfach- und Vielfachzucker im Dünndarm verdaut, liegen sie in kurzer Zeit wieder als Einfachzucker vor und werden so vom Darm aufgenommen. Ausnahme sind die Ballaststoffe: Sie werden langsamer oder gar nicht verdaut.

VORSICHT: ZUCKERSAUSE!

Schnell verfügbaren Zucker in Form von Glukose kann unser Körper besonders gut verarbeiten, wenn den Muskeln Höchstleistungen abverlangt werden. Wer aber eher einen bewegungsarmen Lebensstil pflegt, sollte hohe Mengen an Einfachzuckern im Essen (z. B. süße Getränke, Naschwaren, viel Obst, Kuchen und Weißmehlprodukte) meiden. Denn wenn die Energie nicht verbraucht wird, muss sie zwischengelagert werden – und zwar in den Fettzellen. Die Leber ist hierbei Dreh- und Angelpunkt! Als Hauptumbauzentrale ist sie heute meist überlastet, und wie unser Verdauungssystem ist sie auf zu viel Zucker – insbesondere Fruktose – auf einmal nicht vorbereitet.

Beispiel gefällig?

Trockenpflaumen enthalten viel Fruktose und von Natur aus den Zuckeralkohol Sorbit. Die Verweildauer der Pflaumen im Magen ist in diesem Fall nur kurz, weil kein zusätzliches Fett oder Eiweiß sie verzögert. Innerhalb kurzer Zeit gelangen viel Fruktose und Sorbit in den Dünndarm. Die Transportsysteme im oberen Dünndarm sind überfordert, wenn eine große Menge auf einmal anflutet. Die Folge: Fruktose und Sorbit gelangen in den Dickdarm und dienen dort ungünstigen Bakterien als Nahrung. Es entstehen unangenehme Gase und ein Übermaß an kurzkettigen Fettsäuren, die den Stuhl auflockern und somit abführend wirken können.
Verzehren Sie die Trockenpflaumen dagegen mit Bacon oder etwas Quark, verlängert sich durch das zusätzliche Fett oder Eiweiß die Verweildauer im Magen. Fruktose und Sorbit fluten langsamer und in kleineren Portionen im Dünndarm an, wo sie nach und nach vollständig abtransportiert werden.

WIE VIELE KOHLENHYDRATE TUN DEM BAUCH GUT?

Daher vermeiden Sie Bauchbeschwerden, indem Sie kohlenhydrathaltige Lebensmittel achtsam verzehren und diese mit Eiweiß oder etwas Fett kombinieren. Dabei sollten aber generell Produkte mit hohem Einfachzucker- oder Stärkegehalt reduziert werden. Auch aus diesem Grund ist es viel zielführender, mehr Gemüse als Obst zu essen. Denn Gemüse enthält weniger Glukose und Fruktose als Obst und liefert gleichzeitig überwiegend lösliche Ballaststoffe (mehr dazu lesen Sie auf den Seiten 28 und 29).

VON LEBENSMITTELN, DIE INS BLUT SPRINGEN, FLIESSEN, TROPFEN

Der glykämische Index ist ein Maß dafür, wie stark Ihr Blutzucker nach dem Verzehr eines Lebensmittels ansteigt. Lebensmittel mit einem niedrigen Wert schicken nur langsam den Zucker ins Blut, bei Lebensmitteln mit einem hohen Wert flutet der Zucker rasch und in großer Menge in den Stoffwechsel.

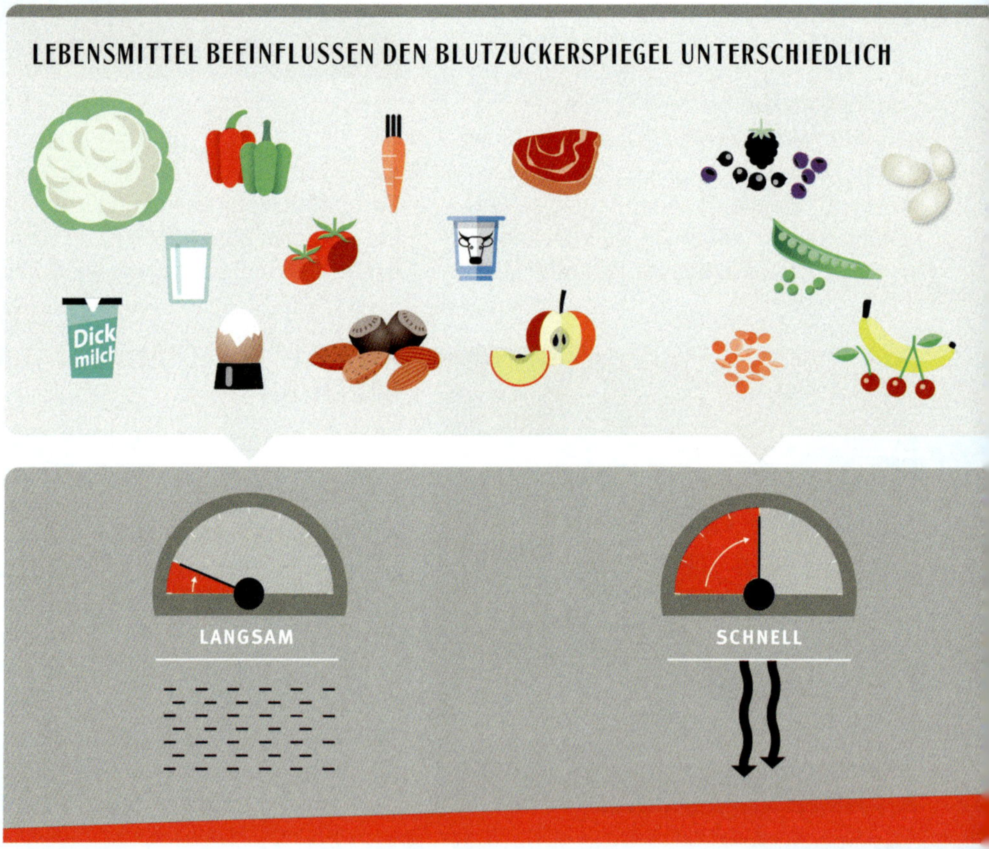

INFO DEN GLYKÄMISCHEN INDEX CLEVER SENKEN

Essen Sie Lebensmittel mit hohem glykämischen Index in Kombination mit Fett oder Eiweiß, also z. B. den Keks mit einem Glas Milch, damit der Zucker nicht so schnell ins Blut fließen kann. Auch wenn Sie das Dessert unmittelbar nach der Hauptmahlzeit verzehren, dimmt die Mischung im Magen mit der vorher gegessenen Speise den glykämischen Index der Süßigkeit. Und: Retrograde Stärke hat einen niedrigeren GLYX als normale Stärke. Das heißt, dass gekochte, wieder aufgewärmte Nudeln oder Kartoffeln den Blutzucker nicht so rasch ansteigen lassen wie frisch gekochte.

FODMAP

Dieses Akronym steht für unverdauliche Substanzen in Nahrungsmitteln. Die meisten davon sind Zuckerabkömmlinge, von denen wir heute wissen, dass ein Zuviel davon manchmal bestimmten Darmbewohnern nicht bekommt.

FODMAP sind die Anfangsbuchstaben der englischen Begriffe **F**ermentable **O**ligosaccharides, **D**isaccharides, **M**onosaccharides **A**nd **P**olyols (siehe Grafik rechts). In australischen Studien konnte nachgewiesen werden, dass eine FODMAP-arme Kost als Auftakt zu einer Ernährungsumstellung eine Besserung der Schmerzsymptomatik bewirkt. Zu Beginn ihrer Forschungsarbeiten hatten Wissenschaftler nur allgegenwärtige Zucker wie Laktose und Fruktose in Verdacht. Dann das Gluten (siehe Seite 26). Schlussendlich war das beste Konzept aber nicht das reine Weglassen, sondern die Kombination aus guter Abklärung durch medizinische Diagnostik und anschließender Ernährungstherapie, die individuell und für jeden Bauchpatienten mit Symptomen angepasst wurde. Denn bei genauem Hinsehen und Auswerten der Daten wurde sichtbar, dass »das Aufräumen«, sprich eine Kostumgestaltung, orientiert an den physiologischen Gegebenheiten, die hilfreichste Waffe gegen Bauchbeschwerden ist.

INFO FODMAP-PROZEDERE

Die FODMAP-Empfehlungen zeigen auf, dass Sie nach (!) einer ärztlichen Diagnostik maßgeblich von einer individualisierten Ernährungstherapie profitieren. Grundlage für diese Arbeit ist ein Ernährungs- und Symptomprotokoll, welches ausgewertet und dann analysiert wird. Eine effektive Änderung Ihres Essverhaltens und das nachhaltige Umsetzen in Speisepläne mit einer für Sie geeigneten Nahrungsmittelauswahl müssen möglichst wenig starre Vorgaben enthalten. Nicht der dauerhafte Verzicht und nicht eine Listenempfehlung werden Ihnen langfristig helfen, sondern die individuelle, symptomorientierte Auswahl von Lebensmitteln für Ihren empfindsamen Verdauungstrakt, die auch zu Ihrem Zeitbudget und zu Ihrer Lebensweise passen. Es gilt nicht eine Kost für alle, sondern das Herantasten an und das Ausgleichen von Esssituationen und Mahlzeitenangeboten. Nutzen Sie hier die Hilfe kompetenter Ernährungstherapeuten (Adressen unter www.daab.de).

FODMAP
Konzept

FODMAP – was steckt dahinter?

F ermentable

O ligosaccharides .... Fruktane = Galaktane =

D isaccharides .... Laktose =

M onosaccharides .... Fruktose =

A nd

P olyols .... Zucker Alkohol =

ÄRZTLICHE PRAXIS

Ausschlussdiagnostik

Atemtestungen

ERNÄHRUNGS-THERAPEUTISCHE PRAXIS

Patient nicht informiert bzw. getestet	**Fruktose** und **Laktose** auffällig	Nur **Fruktose** auffällig	Nur **Laktose** auffällig	**Fruktose** und **Laktose** unauffällig
Fruktose und **Laktose** meiden	**Fruktose** und **Laktose** meiden	**Fruktose** meiden	**Laktose** meiden	

Oligosaccharide, (Fruktane), Galaktane & Polyole meiden

EIN EXTRAWORT ZU GLUTEN

Gerade für Personen mit Bauchbeschwerden gibt es in Bezug auf Gluten viele (un)sinnige Empfehlungen. Lassen Sie sich dadurch nicht verunsichern – vor allem lassen Sie sich nicht auf Pauschalverbote ohne medizinische Diagnostik ein.

Bauchpatienten wird heute häufig angeraten, auf Brot, Kuchen, Kekse, Nudeln und andere Produkte aus heimischen glutenhaltigen Getreidesorten wie Weizen, Roggen oder Dinkel komplett zu verzichten. Das kann auch erst einmal für Ruhe im Bauch sorgen, ist doch bei vielen glutenfreien Produkten der Anteil an unlöslichen Ballaststoffen gering.

Eine glutenfreie Kost durchzuführen ist aber nicht so ganz leicht. Jedenfalls nicht, wenn die Nährstoffversorgung optimal sein soll und keine gegenteiligen Beschwerden im Verdauungstrakt auftreten sollen. Obendrein sind glutenfreie Produkte teuer, und das gelingsichere Backen glutenfreier Brote, Kuchen & Co. erfordert Übung.

Oftmals kippt das Beschwerdebild nämlich nach zwei bis drei Monaten glutenfreier Kost in eine andere Richtung: Der Stuhlgang wird schwerer, die Krämpfe nehmen an Intensität zu, im schlimmsten Fall kommen auch die Blähungen zurück.

Die Probleme einer glutenfreien Kost füllen ganze Lehrbücher, daher ist die Notwendigkeit dieser strengen Kostform wirklich zu hinterfragen. Und das auf jeden Fall, bevor Sie mit einer glutenfreien Diät beginnen.

NICHT-ZÖLIAKIE-WEIZENSENSITIVITÄT

Diese neuartige Diagnose ist in vielen Zeitschriften momentan sehr hip. Meist erfolgt sie durch den Patienten selbst: Der »Bauchpatient« hat Beschwerden, für die kein Arzt eine passende Diagnose findet. Häufig verlassen Patienten die ärztlichen Praxen mit dem Hinweis »Reizdarm« oder, schlimmer noch, »Psyche«. Da die Beschwerden aus Sicht des Patienten immer mit dem Essen zusammenhängen, ist der Schritt zum Glutenverdacht nicht weit. Erscheint das Gluten verdächtig, streicht der Patient es vom Speiseplan. Werden die Beschwerden dann besser, bleibt der Verdacht auf Glutensensitivität weiterhin im Raum.

Aber valide und eindeutige Daten und Empfehlungen zu dieser Nicht-Zöliakie-Weizensensitivität gibt es nicht! Weder die Zunahme dieser angeblichen Erkrankung noch die Therapie können ausreichend erklärt werden. Wie soll das auch anders sein, denn die Ursachen und die medizinischen Hintergründe sind zum jetzigen Zeitpunkt vollkommen unklar.

Eine echte Zöliakie kann nur erkannt werden, wenn idealerweise für mindestens drei

bis sechs Monate tatsächlich eine leichte Glutenbelastung stattgefunden hat. In Zeiten von Low-Carb-Ernährungsformen und dem Anti-Weizen-Gluten-Hype ist das eher unwahrscheinlich. Daher lassen Sie sich vor Beginn einer glutenfreien Kost beraten. Adressen kundiger Ernährungstherapeuten, die nur an der Beratung, nicht an dem Verkauf von Produkten verdienen, finden Sie z. B. unter www.daab.de.

DAS RICHTIGE MASS FINDEN

Richtig ist, dass ein Zuviel an Getreide ein Garant für Unruhe im Darm ist, aber Gluten muss nicht unbedingt die Ursache sein. Wer seinen Körper kennt, weiß, dass ein Übermaß an Kohlenhydraten, z. B. durch Reis oder Brot, genauso für »dicke Luft« im Darm sorgen kann. Das allein rechtfertigt aber kein striktes Glutenverbot. Eine Verminderung der zucker- und stärkereichen Lebensmittel reicht hier oftmals schon aus, um den Bauch zur Ruhe zu bringen. Diese Empfehlung ist im Alltag symptomorientiert und leichter umsetzbar. Diese Kostgestaltung wäre viel leichter »zu leben«, finanziell tragfähiger und sozial besser umzusetzen. Damit wir uns richtig verstehen: für die echten Zöliakiebetroffenen ist eine lebenslange glutenfreie Kost die einzige Möglichkeit. Aber wir halten überhaupt nichts von einer glutenfreien Kost, nur weil der Darm etwas unruhig ist oder der Befund bei der Spiegelung »Marsh I« (= Maß für die Anzahl von Entzündungszellen und Auffälligkeiten im Aufbau der Dünndarmzotten) lautet. Das allein ist ja nur ein Zeichen dafür, dass der Darm besser gepflegt sein möchte, dass er nach einer anderen Zusammenstellung der Nahrungsmittelbestandteile ruft!

VIEL BESSER ALS IHR RUF – Ballaststoffe sind darmgesund

Wenn wir viele Ballaststoffe aufnehmen, wird der Nahrungsbrei zäher und gelangt langsamer aus dem Magen in den Dünndarm. Vom menschlichen Körper können sie so gut wie nicht verdaut werden, und trotzdem sind sie ein Plus für unsere Gesundheit.

STÖCKCHEN: DIE UNLÖSLICHEN

Zu den unlöslichen Ballaststoffen zählen große und komplexe Moleküle, die in Zellwänden von Pflanzen z. B. Festigkeit erzeugen. Wie feste »Stöckchen« durchlaufen sie unverändert den Verdauungskanal, weil weder unsere Enzyme noch unsere Darmbakterien sie aufschließen können. In erster Linie leisten die Stöckchen einen Beitrag zur Stuhlmasse und dienen als »Besen« im Darm. Durch ihren Fülleffekt wird die Darmbewegung angeregt und der Speisebrei schnell transportiert.

SCHWÄMMCHEN: DIE LÖSLICHEN

Lösliche Ballaststoffe binden wie Schwämmchen Wasser und dienen als Quellstoff oder Gelbildner. Lösliche Ballaststoffe sind daher wichtig für eine gleichmäßige und gleitfähige Stuhlkonsistenz. Sie sind unseren Verdauungsenzymen ebenfalls nicht zugänglich, dafür aber den Darmbakterien. Vor allem den »guten« Milchsäurebakterien (Bifido- und Lactobazillen) dienen lösliche Ballaststoffe als Nahrung. Sie bauen diese unter anderem zu kurzkettigen Fettsäuren ab. Davon profitieren Darmmilieu und -schleimhaut, denn kurzkettige Fettsäuren senken den pH-Wert im Darm in den gewünschten leicht sauren Bereich, der das Wachstum schädlicher Bakterien hemmt und die Resorption von Mineralstoffen, insbesondere von Kalzium, begünstigt. Schließlich können die Zellen der Darmschleimhaut aus kurzkettigen Fett-

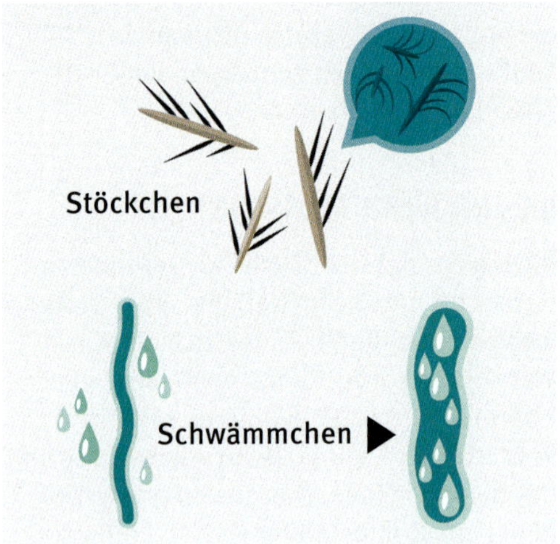

VERSCHIEDENE BALLASTSTOFFE UND IHRE QUELLEN

BALLASTSTOFFE	VORKOMMEN IN
unlösliche Ballaststoffe (Stöckchen) faserig, festigend, strukturgebend	Vollkorngetreide, Getreideschalen, Leinsamen, den eher holzigen Anteilen von Blatt- und Wurzelgemüse, Gemüse- und Obstschalen, Hülsenfrüchten
lösliche Ballaststoffe (Schwämmchen) wasser- und gasbindend, gelbildend, viskös (zähflüssig)	Hafer und daraus hergestellten reinen Haferprodukten, wasserreichen Gemüsesorten, Obstfruchtfleisch (v. a. Apfel, Birne, Quitte), Hülsenfrüchten, Getreidekeimen, aber auch in Agar, Algen, Alginaten, Guar, Johannisbrot, Leinsaat, Psyllium (Flohsamenschalen)
resistente Stärke wasser- und gasbindend, viskos (zähflüssig) (insb. Typ 3: retrogade Stärke)	erhitzten und wieder abgekühlten stärkehaltigen Produkten wie z. B. Brot, gekochten Kartoffeln

säuren noch Energie gewinnen. Da lösliche Ballaststoffe durch diese Verdauungsprozesse im Dickdarm das Wasser wieder abgeben können, nehmen sie entscheidenden Einfluss auf die Stuhlkonsistenz.

RESISTENTE STÄRKE

Resistente Stärke besteht aus Stärkemolekülen, die vom Verdauungssystem nicht gespalten werden können, aber Darmbakterien als Nahrung dienen. Man unterscheidet verschiedene Typen von resistenter Stärke. Nicht jede resistente Stärke ist für Personen mit Bauchbeschwerden empfehlenswert. Manche erhöhen jedoch das Stuhlvolumen und werden von Darmbakterien zu kurzkettigen Fettsäuren abgebaut. So helfen sie bei der Bildung einer gesunden Darmflora und -schleimhaut mit.

UNSER FAZIT

Insbesondere bei Personen, die wenige Mahlzeiten oder meist kleine Portionen essen, sind unlösliche Ballaststoffe ein verdauungsphysiologisch sinnvolles Instrument. Dagegen profitieren Menschen mit Schmerzen, Blähungen und weichen Stühlen von einem Austausch der unlöslichen Ballaststoffe gegen lösliche Ballaststoffe oder resistente Stärke in ihrer Kost.

DIE BAUCH-SCHMEICHLER-KOST – so pflegen Sie Ihren Darm

Mitentscheidend für eine bauchgesunde Kost ist nicht nur was, sondern auch in welcher Kombination Sie Lebensmittel verzehren.

Das Prinzip unserer Bauchschmeichler-Kost besteht aus einer Mischkost mit viel Gemüse sowie moderaten Mengen an guten Fetten und frischen Sauermilchprodukten. Gleichzeitig hilft es vielen Bauchpatienten, wenn sie weniger stark gesüßte oder kohlenhydratreiche Lebensmittel essen. Diese Veränderungen führen automatisch zur gewünschten Verschiebung – weg von den unlöslichen, hin zu mehr löslichen Ballaststoffen. Um eine gesunde Darmschleimhaut, Darmflora und -fauna zu erhalten, ist vor allem der tägliche Genuss von Sauermilchprodukten oder sauer vergorenen Lebensmitteln unverzichtbar. Und vergessen Sie nicht, ausreichend zu trinken.
Damit Sie die Bauchschmeichler-Kost leicht in Ihrem Alltag umsetzen können, haben wir für Sie ausführliche Lebensmittellisten (ab Seite 32 und ab Seite 178) für die verschiedenen Leitsymptome zusammengestellt.

INFO: DEN GLYKÄMISCHEN INDEX CLEVER SENKEN

Essen Sie Lebensmittel mit hohem glykämischen Index in Kombination mit Fett oder Eiweiß, also z. B. den Keks mit einem Glas Milch, damit der Zucker nicht so schnell ins Blut fließen kann. Auch wenn Sie das Dessert unmittelbar nach der Hauptmahlzeit verzehren, dimmt die Mischung im Magen mit der vorher gegessenen Speise den glykämischen Index der Süßigkeit. Und: Retrograde Stärke hat einen niedrigeren GLYX als normale Stärke. Das heißt, dass gekochte, wieder aufgewärmte Nudeln oder Kartoffeln den Blutzucker nicht so rasch ansteigen lassen wie frisch gekochte.

BAUCHSCHMEICHLER-TAGESPLAN

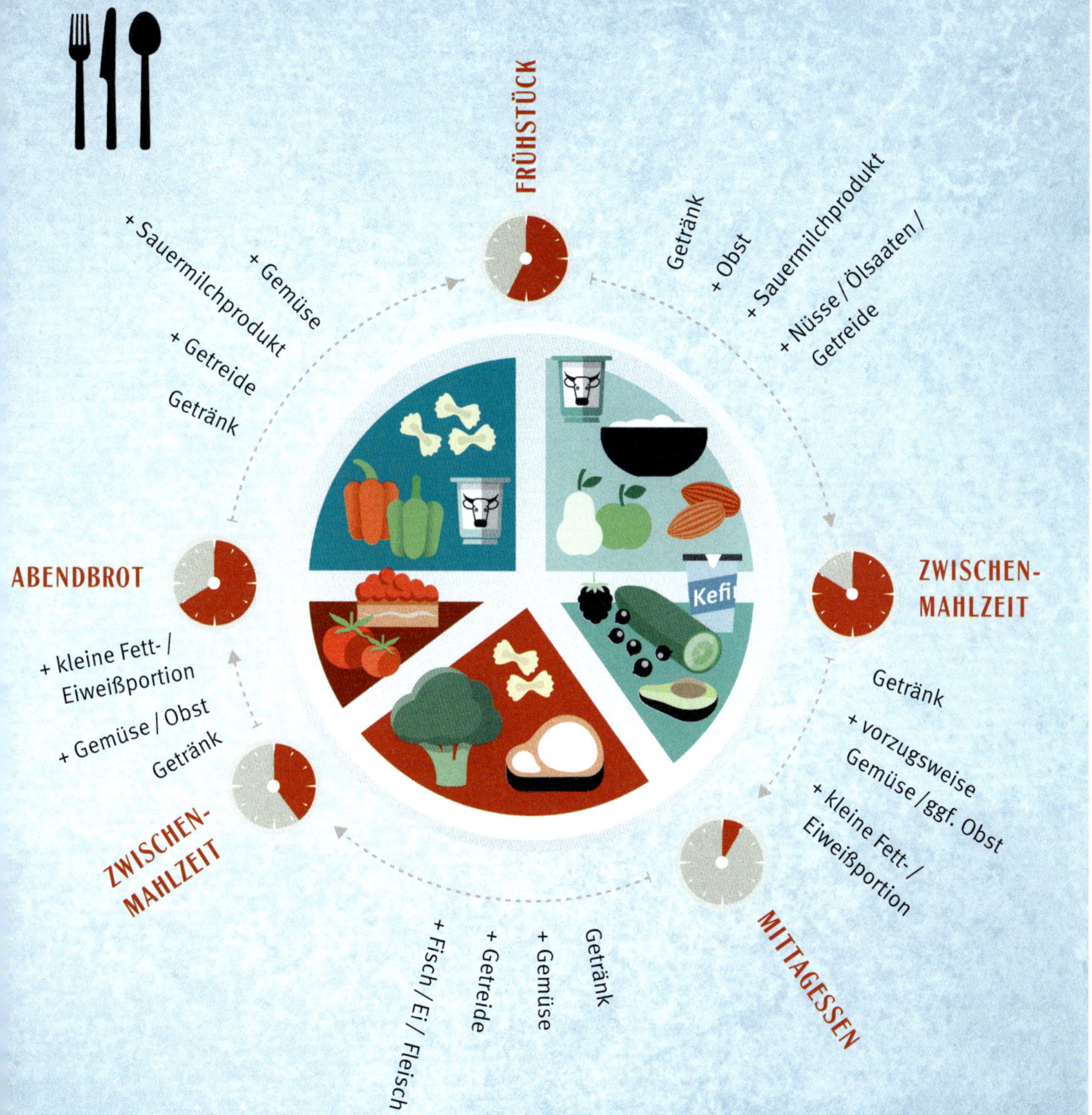

LEBENSMITTELGRUPPE	ERNÄHRUNGSVERHALTEN
Getränke	Trinkmenge gleichmäßig über den Tag verteilen mind. 1200 ml, besser 1500 ml trinken gerne Getränke mit Kohlensäure gerne größere Schlucke zur Reizverstärkung kalte und heiße Getränke können den Entleerungsreflex verstärken
Gemüse	Roh- und Knabbergemüse anstatt Blattsalate Gemüseanteil der Mahlzeiten groß halten
Obst	bevorzugt wasserreiche oder ballaststoffhaltige Obstsorten bevorzugt ganze Früchte keine Fruchtpürees oder Smoothies Dörr- oder Trockenobst in Maßen
Nüsse/Ölsaaten	bevorzugt durchaus grob und/oder stückig in angemessenen Mengen gleichzeitige Flüssigkeitsaufnahme
Milch- und Milchprodukte	bevorzugt größere Portionen an nicht wärmebehandelten Sauermilchprodukten, z. B. kühle Buttermilch als erste Mahlzeit probiotische Produkte, ggf. mit Zusatz an Präbiotika keine H-Milchprodukte keine üppig mit Käse überbackenen Gerichte
Eier	(keine Einschränkung)
Fisch	(keine Einschränkung)
Fleisch	(keine Einschränkung)
Kartoffeln, Reis, Nudeln	lieber Gemüse statt Sättigungsbeilage bevorzugt Vollkornvarianten
Getreide	Bevorzugt Vollkorn- und Kleieprodukte
Gewürze und Kräuter	gerne auch scharfe Gewürze
Süßes	ballaststoffreiche Süßigkeiten bevorzugen keine reinen, stark zuckerhaltigen Süßigkeiten

LEBENSMITTEL
Mineralwasser mit Kohlensäure und Magnesium Apfelsaftschorle Fruchtsäfte mit Fruchtpüree mäßig Kaffee, Espresso
Bohnen, Blumenkohl, Brokkoli, Champignons, Chicorée, Kohlrabi, Mais, Rosenkohl, Sauerkraut, Sellerie, Spinat, Spitzkohl, Steckrübe, Weißkohl, Wirsing
frisches Obst wie Ananas, Apfel, Beeren, Birne, Mango, Orangen, Kirschen, Pflaumen, Weintrauben, Zitrusfrüchte Trockenobst wie Rosinen, Datteln, Trockenaprikosen und -pflaumen
Flohsamenschalen, Chiasamen, Kürbiskerne, Leinsaatschrot, Mandeln, Mohn, Nüsse (alle Sorten), Sesam
Ayran, Buttermilch, Dickmilch, Kefir, Naturjoghurt, Quark, Schwedenmilch, Setzmilch
weiche gekochte Eier bevorzugen
panierte und sehr fettreiche Zubereitungen meiden
(keine Einschränkung)
Pellkartoffeln, wieder aufgewärmte Kartoffeln, Vollkornreis/ -nudeln
Getreideflocken, Haferprodukte (alle Zubereitungen), Kleieprodukte (ca. 20 g/ Tag), Müsli, Pumpernickel, Roggenbrot
Bockshornklee, Cayennepfeffer, Chili, Paprikapulver (rosenscharf), Schnittlauch, Zitronengras
Ölsaaten- oder Müsliriegel, Kuchen und Kekse aus Vollkornmehl oder mit höherem Anteil an Nüssen/Kernen etc.

VERSTOPFUNG – wenn der Darm dicht macht

Wenn der Stuhlgang immer wieder zu fest wird, die Entleerung häufiger eher schmerzhaft und selten ist, lassen Blähungen und Krämpfe meist auch nicht lange auf sich warten. Lesen Sie hier, wie Sie Ihren Darm wieder in Schwung bringen.

Unbehandelt drohen bei festen Stühlen, die sogar nur alle drei Tage oder noch später kommen, die typischen Enddarmerkrankungen (Hämorrhoiden, Fissuren etc.), da meist nur mit ein wenig Druck oder sogar nur unter Pressen Stuhl entleert werden kann. Wie häufig ein Mensch auf die Toilette muss, ist von Mensch zu Mensch verschieden – aber als grober Richtwert gelten mindestens drei Mal pro Woche. Ratsam ist auf jeden Fall, hier die Ernährung zu überprüfen. Die Tipps und Lebensmittel in der Tabelle rechts können Ihnen Erleichterung verschaffen. Obendrein finden Sie unter vielen unserer Rezepte Bauchschmeichler-Tipps, wie Sie das Gericht auf Ihre Symptomatik hin anpasen können. **Kein Tipp unter dem Rezept? Dann schauen Sie doch mal in die Tauschtabelle in der Klappe hinten.**

LEBENSMITTELGRUPPE	ERNÄHRUNGSVERHALTEN
Getränke	Trinkmenge gleichmäßig über den Tag verteilen in kleinen, gleichmäßigen Schlucken trinken Getränke mit Raumtemperatur Getränke ohne oder mit wenig Kohlensäure wenig gesüßte Getränke
Gemüse	bevorzugt unverarbeitete TK-Ware gegarte, evtl. pürierte Gemüsespeisen bevorzugen
Obst	bevorzugt wasserarme Obstsorten in kleinen Mengen keine stark fruktosehaltigen Obstsorten Obst am besten zusammen mit Fett- oder Proteinanteil verzehren auf Dörr- oder Trockenobst verzichten nicht mehr als 1 Portion Obst pro Mahlzeit
Nüsse/Ölsaaten	bevorzugt zerkleinert (fein gemahlen) Mengen beachten
Milch- und Milchprodukte	moderate Portionsgröße an nicht wärmebehandelten Sauermilchprodukten Milchprodukte mit natürlichem Fettgehalt keine H-Milch-Produkte keine probiotischen Produkte – ohne Zusatz an Präbiotika
Eier	Zugabe als Eiermilch/-sahne zu Speisen bevorzugen
Fisch	bevorzugt gedünsteter, nicht panierter Fisch eher fettarm bevorzugen Brat- oder Räucherfisch oder marinierte Produkte eher meiden
Fleisch	bevorzugt geschmorte und gegarte, nicht panierte Fleischspeisen gerne im Römertopf oder Bratschlauch eher fettarm und das Fleisch zerkleinern
Kartoffeln, Reis, Nudeln	Kartoffeln gerne als Püree kein(e) Vollkornreis/-nudeln
Getreide	bevorzugt Mischbrot und helle, fein gemahlene Vollkornprodukte niedriger Roggenanteil
Gewürze und Kräuter	milde Gewürze und Kräuter bevorzugen scharfe Gewürze eher meiden
Süßes	bevorzugt stopfende Süßigkeiten keine zuckerreduzierten Süßigkeiten große Müsli-/Keksvarianten vermeiden

LEBENSMITTEL
Leitungswasser, Kräutertee (Heidelbeer/Brombeerblätter), Roibostee, lange gezogener Schwarztee (max. 400 – 600 ml), Bananensaft (1:3 mit stillem Wasser gemischt) aber keine Fruchtsäfte
Brokkoliröschen, Fenchel, Gurke, Kürbis, Möhre, Spargel, Zucchini, gerne TK-Gemüse
Aprikose, Banane, Heidelbeeren, Himbeeren, Kiwi, Nektarine, Pfirsich
Agar, Cashewnüsse, Flohsamenschalen, Guar, Pektin, Johannisbrotkernmehl, Mandelmehl, Pinienkerne, Sesamsaat
Naturjoghurt, Quark, eher kleine Käsemengen
Eierstich, Rührei, Aufläufe mit Eiermilch/-sahne, Omelett, Pfannkuchen
Dorade, Dorsch, Kabeljau, Pangasius, Rotbarsch, Seelachs, Zander in kleinen Mengen: Lachs, Scholle
eher fettarmes Hackfleisch, Huhn, Pute, Fasan, Taube, Kalb, Kaninchen
Kartoffelbrei, Kartoffelschnee, parboiled Reis, Milchreis
blütenzarte Haferflocken, feines Mischbrot, ggf. Grahambrot, Grieß-/Hirsebrei, Bulgur
Anis, Estragon, Fenchel-/Kümmelpulver, Koriander, Oregano, Petersilie, Thymian, Vanille
Schokolade ohne Füllung, Zartbitterschokolade

ZU WEICHER STUHL

Schnelle Stühle oder gar Durchfall können einem das Leben schwermachen. Meist vollkommen ohne Vorankündigungen muss man ganz schnell auf die Toilette. Wehe, wenn dann zu viel Zeit vergeht.

Von einem Durchfall (Diarrhö) spricht Ihr Arzt, wenn Sie mehr als drei Mal am Tag eher wässrige Stühle zur Toilette tragen.
Die Folgen solcher häufigen Entleerungen lassen nicht lange auf sich warten: Ekzeme, Wundsein und schließlich auch Unsicherheiten im sozialen Umgang, weil man ständig mit unerwarteten Stuhlgängen rechnen muss. Wenn solche schnellen Entleerungen nicht auf Montezumas Rache oder Aufregung zurückzuführen sind, sondern wenn diese Sie einfach immer mal wieder so aus der Bahn werfen, kann eine andere Zusammenstellung der täglichen Kost eine Erleichterung bringen.
Ratschläge zum richtigen Ernährungsverhalten bei Durchfall sowie Empfehlungen zu Lebensmitteln, die Ihrem Bauch gut tun, finden Sie in der Tabelle rechts und in unseren Bauchschmeichler-Tipps unter vielen der Rezepte ab Seite 42.
Fehlt der Tipp unter dem Rezept? Dann öffnen Sie die hintere Klappe dieses Buches und suchen Sie dort in der Tauschtabelle nach dem entsprechenden Rezepttitel.

LEBENSMITTELGRUPPE	ERNÄHRUNGSVERHALTEN
Getränke	Trinkmenge gleichmäßig über den Tag verteilen in kleinen, gleichmäßigen Schlucken trinken Getränke mit Raumtemperatur Getränke ohne Kohlensäure wenig gesüßte Getränke keine Getränke mit Fruktosesirup
Gemüse	kein Verzicht auf Gemüse bei Blähungen! Gemüse ist das Schwämmchen! bevorzugt unverarbeitete TK-Ware gegarte Gemüsespeisen bevorzugen bevorzugt mit moderatem Fettgehalt Roh- und Knabbergemüse statt Blattsalate
Obst	»Verpacken« der Obstsorten mit Fett- oder Proteinanteil kein Dörr- oder Trockenobst nicht mehr als 1 Stück Obst pro Portion
Nüsse/Ölsaaten	Zubereitungsart meist ohne Einfluss gleichzeitige Flüssigkeitsaufnahme
Milch- und Milchprodukte	täglicher Verzehr von nicht wärmebehandelten Sauermilchprodukten gerne eine höhere Fettstufe wählen keine H-Milch-Produkte einschleichender Verzehr von probiotischen Produkten – ohne Zusatz an Präbiotika
Eier	Portionen nicht zu groß wählen
Fisch	bevorzugt gedünsteter Fisch bevorzugt fettreiche Seefische
Fleisch	kein paniertes, frittiertes Fleisch Verzicht auf stark Angebratenes und Kurzgebratenes
Kartoffeln, Reis, Nudeln	kleinere Portionen auf jeden Fall auf das Gemüse als größere Beilage achten
Getreide	bevorzugt fein gemahlene Vollkornprodukte keine Müslis oder grobe Flockengerichte
Gewürze und Kräuter	ausgleichende Gewürze einsetzen
Süßes	keine zuckerreduzierten Süßigkeiten kein Kaugummi nur wenig fruktosesiruphaltige Süßigkeiten keinen oder nur wenig Fruktosesirup, Agavendicksaft o. Ä.

LEBENSMITTEL
Leitungs-/Mineralwasser ohne Kohlensäure, Kräuter- und Früchtetees, Roibostee Fruchtsaftschorlen (mind. 1:5 verdünnt), aber eher keine Apfelsaftschorle
Chinakohl, Gurke, Fenchel, Kürbis, Möhre, gelbe und rote Paprika, Rote Bete, Spargel, Spitzkohl, Tomate, Zucchini
Ananas, Aprikose, Avocado, Banane, Kiwi, Melone, Nektarine, Papaya, Pfirsich, Rhabarber
Flohsamen, Flohsamenschalen, Kürbiskerne, Mandeln, Mohn, Nüsse (alle Sorten)
Naturjoghurt, Quark, vollfetter (griechischer) Joghurt, saure Sahne, Schmand
Rührei, wachsweiche Eierspeisen, Spiegelei, Omelett
Hering, Lachs, Makrele, Thunfisch
(keine Einschränkung)
Kartoffelspeisen, kleine Menge an Röstkartoffeln, wieder aufgewärmte Kartoffeln
Porridge, feine Haferflocken, Frischkornbrei, Grahambrot
Anis, Asafoetida, Fenchel, Ingwer, Kümmelpulver
Ölsaatenriegel, Schokolade statt »Gummitiere«, Schokolade ohne Füllung

ZU VIEL LUFT IM BAUCH

Was für kleine Kinder noch normal erscheint, ist im Arbeitsalltag und im Beisein von Freunden eher hochpeinlich: das Pupsen.

Bis zu 1,5 Liter Gase entstehen im ganz normalen Tagesgeschäft unserer Verdauung. Wenn Sie im Berufsleben viel sprechen müssen (z. B. als Lehrer oder in einem Telefonberuf) und einen unpassenden Darmbewohner haben, können sogar bis zu sieben Liter entstehen. Die können nicht komplett abgeatmet werden, sondern müssen Ihren Körper auf dem anderen natürlichen Weg verlassen. Kau- und Essverhalten, aber auch die Lebensmittelauswahl können hier ganz wunderbar helfen, diese Gasmengen einzudämmen – vor allem aber sie besser zu binden und auf unpeinlichem Wege abzuführen. Ratschläge für eine Kostumstellung bekommen Sie in der Tabelle rechts. Und wie Sie unsere Rezepte bei zu viel Luft im Bauch abwandeln können, erfahren Sie in den Bauchschmeichler-Tipps direkt unter den Rezepten.

Finden Sie dort keinen Tipp? Dann werfen Sie doch bitte einen Blick in die Buchklappe hinten. Hier gibt es eine Tauschtabelle, die unter dem entsprechenden Rezepttitel vielleicht noch eine Anregung bereithält.

BAUCHSCHONEND ESSEN – diese Fragen habe ich noch

DREI ODER DOCH BESSER FÜNF MAHLZEITEN – WAS IST RICHTIG?

»Die« Ernährung für alle gibt es nicht. Ihre Beschwerden und Vorlieben entscheiden über Art, Zusammensetzung, Menge und Häufigkeit Ihrer täglichen Mahlzeiten. Dabei sollten möglichst kalorienarme Getränke und Gemüse den Löwenanteil des Speiseplans bestreiten. In Abhängigkeit Ihrer Verzehrgewohnheiten und Vorlieben sowie den Ihnen zur Verfügung stehenden Möglichkeiten gestalten Sie dann einfach um diese Basis herum Ihren ganz persönlichen Essensfahrplan.

KOHL BLÄHT IMMER! WAS KANN ICH DAGEGEN TUN?

Kohl und andere gasbildende Gemüsesorten blähen weniger, wenn man sie tiefgekühlt verwendet. Oder stellen Sie ihnen eine Sauce mit Fett an die Seite und reduzieren Sie gleichzeitig die Kohlenhydrate: Anstatt Kartoffeln und Brokkoli mit magerem Putenschnitzel gibt es Brokkoli mit Sauce hollandaise und einer kleinen Portion Röstkartoffeln. Die entstehenden Gase können durch das Fett dem Magen-Darm-Trakt besser entzogen werden.

GIBT ES AUCH EIN ZUVIEL AN BALLASTSTOFFEN?

Ja, aber eher ein Zuviel an unlöslichen als an löslichen Ballaststoffen. Menschen mit eher harten, knotigen Stühlen essen oft zu viele unlösliche Ballaststoffe. Vorsicht ist außerdem geboten nach Operationen im Unterleib (z. B. Kaiserschnitt) oder bei Erkrankungen wie Divertikelbildung. Hier können Verengungen oder Verklebungen im Bauchraum bestehen, sodass ein Zuviel den Weitertransport behindert. Abhilfe schafft meist eine Kost mit überwiegend löslichen Ballaststoffen und resistenter Stärke.

WAS IST BESSER: TOAST, VOLLKORNBROT ODER MÜSLI?

Diese Frage ist nicht pauschal zu beantworten. Je nach Zusammensetzung der Nahrung und vor allem nach Beschwerden und Vorlieben fällt hier die Entscheidung für oder gegen Müsli. Bei weichen Stühlen oder viel Luft im Bauch sorgen fein gemahlenes Vollkornbrot, Porridge aus feinen Haferflocken oder Vollkorntoast für mehr Ruhe. Eine attraktive Nuss-Obst-Flocken-Variation kann dagegen Beschwerdefreiheit bei zu festen Stühlen bringen.

VON GEMÜSE WERDE ICH NICHT SATT, WAS TUN?

Ja, das kann sein, denn Gemüse hat nur eine sehr geringe Energiedichte. Wenn Sie ein Kilogramm Möhren verputzen, hätten Sie gerade mal den Kaloriengehalt von 1,5 Scheiben trockenem Brot verspeist. Kombinieren Sie Ihr Gemüse doch einfach mit etwas Fett oder Eiweiß, das macht nicht nur satt, sondern schmeckt auch viel besser. Also dem Salat gerne Pinienkerne, Ei oder Lachs an die Seite stellen. Positiver Nebeneffekt: Fett und Eiweiß verlängern die Verweildauer der Speisen im Magen und entlasten damit die Verdauung.

SO VIEL FETT – IST DAS NICHT UNGESUND?

Unsere Bauchschmeichler-Kost ist kein Freibrief für einen maßlosen Fettverzehr. Aber ohne ein deutliches Mehr an richtigem Fett kann keine gesunde Darmkost funktionieren. Denn Fett bindet entstehende Gase im Darm und verhindert damit Blähungen. Zudem erhöht Fett die Verweildauer im Magen-Darm-Trakt, was bei Bauchbeschwerden durchaus erwünscht ist. Dafür sollten Sie einfache Kohlenhydrate aus Getränken, Kuchen, Keksen, Brot und zu viel Obst deutlich reduzieren – reduzieren, nicht komplett streichen. Dann stimmt die Lebensmittelkombination nach Bauchschmeichler-Kriterien, die Energiebilanz ist wieder ausgeglichen, und Verdauung und Darm funktionieren ordnungsgemäß.

ICH HABE KEINE LAKTOSE-INTOLERANZ, VERTRAGE ABER KEINEN FRISCHEN JOGHURT.

In frischen Sauermilchprodukten versteckt sich eine Vielzahl von »guten« Bakterien, die im Darm von Personen mit Bauchbeschwerden meist gegen »schlechte« Bakterien ankämpfen müssen. Wenn Sie plötzlich mehr frische Sauermilchprodukte wie Naturjoghurt oder Quark essen, kann es zu Beschwerden ähnlich wie bei einer Laktoseunverträglichkeit kommen. Es dauert seine Zeit, bis sich die Darmflora auf die neuen Keime eingestellt hat und alles eingespielt ist.
Entlasten Sie daher zu Beginn der Umstellung auf mehr Sauermilchprodukte Ihren Darm, indem Sie gleichzeitig mehr lösliche Ballaststoffe über verträgliche Gemüsesorten und weniger unlösliche Ballaststoffe in Vollkornprodukten essen. Unangenehme Gase können Sie dadurch binden, dass Sie die Fett- und Eiweißgehalte in Ihrer Nahrung leicht erhöhen und einen Verdauungsspaziergang planen.

AM BESTEN GEHT ES MIR, WENN ICH NICHTS ESSE.

Um ein gutes Miteinander im Mikrobiom und eine ausreichende Nährstoffzufuhr zu erreichen, sind eine symptomorientierte Lebensmittelauswahl und das regelmäßige Essen unverzichtbar. Nutzen Sie dafür unsere Lebensmitteltabellen (siehe Seite 32 ff und Seite 178 ff).

BAUCH-SCHMEICHLER-REZEPTE

für unbeschwerten Genuss

Spaß und Genuss am Essen – und damit ein Stück Lebensqualität – bleiben oft auf der Strecke, wenn man aufgrund von Bauchbeschwerden immer mehr Lebensmittel meiden muss. Unsere Bauchschmeichler-Rezepte können Ihnen vielleicht weiterhelfen und Beschwerden lindern. Durch die Zusammenstellung der Lebensmittel sind Verträglichkeit und Bekömmlichkeit gewährleistet oder zumindest deutlich verbessert. Haben Sie Mut und geben Sie dem Genuss wieder eine Chance!

FRISCHKORNMÜSLI

4 EL Getreidemischung (Dinkel, Weizen, Nackthafer, Gerste, Roggen)
150 g Sahne
2 EL Honig oder Reissirup
Saft von 1 Zitrone
50 g Walnusskerne
1 Banane
1 Apfel
1 Msp. Vanillepulver oder Mark aus ½ Schote

Für 2 Personen
15 Min. Zubereitung
8 Std. Einweichen

Nährwert pro Portion:

- ca. 625 kcal
- 9 g Eiweiß
- 40 g Fett
- 55 g Kohlenhydrate

1 Das Getreide mit der Mühle grob schroten und in eine Müslischale geben. 12 – 15 EL kaltes Wasser einrühren, sodass ein fester Brei entsteht. Getreideschrot abdecken und im Kühlschrank für ca. 8 Std. (am besten über Nacht) einweichen lassen.

2 Den Getreidebrei mit Sahne, Honig oder Reissirup und dem Zitronensaft verrühren. Die Walnusskerne grob hacken.

3 Die Banane schälen und in Scheiben schneiden. Den Apfel waschen, nach Geschmack schälen, vierteln, vom Kerngehäuse befreien und grob raspeln. Banane und Apfel unter das Müsli rühren. Dieses mit Vanille sowie bei Bedarf mit noch etwas Zitronensaft abschmecken und mit den Walnüssen bestreut servieren.

BAUCHSCHMEICHLER-TIPP:

Stuhlgang zu fest: Verwenden Sie anstatt der Sahne besser Buttermilch (natur) und ergänzen Sie die Obstmenge um 50 g Trockenobst.
Stuhlgang zu weich: Ersetzen Sie das Getreide komplett durch Haferflocken. Aber weichen Sie diese nicht ein, da die Masse sonst bitter wird. Zudem die Walnüsse gut kauen oder sehr fein zermörsern.
Zu viel Luft im Bauch: Kochen Sie den Brei morgens vor dem Verzehr kurz auf. Wahlweise kann, wer Vollkorn gar nicht gewohnt ist, die Hälfte der Getreidemischung durch Haferflocken ersetzen.

DAS
ORIGINAL
ABGEWANDELT

HIRSEGRÜTZE mit Erdbeerpüree

1 Vanilleschote | Zucker nach Geschmack | 500 ml Milch (1,5 % Fett) | 100 g Hirse | 500 g Erdbeeren (ersatzweise tiefgekühlt) | 1 EL Puderzucker | 2 EL Orangensaft | 100 g Quark (20 % Fett) | Zitronenmelisse

Für 4 Personen | 40 Min. Zubereitung

1 Am Vorabend die Vanilleschote längs aufschlitzen und das Mark herauskratzen, beides mit dem Zucker in die Milch geben und diese aufkochen. Die Hirse zugeben und bei schwacher Hitze ca. 30 Min. ausquellen lassen. Kalt stellen.

2 Die Erdbeeren waschen, putzen, mit Puderzucker und Orangensaft in einen hohen Rührbecher geben und mit dem Stabmixer pürieren. Die Sauce in einem Schraubglas im Kühlschrank aufbewahren.

3 Am Morgen den Quark unter die Hirse rühren. Die Hirse auf vier Schüsseln aufteilen und die Erdbeersauce darübergeben. Mit Zitronenmelisse garnieren.

BAUCHSCHMEICHLER-TIPP:

Stuhlgang zu fest: Dieses Rezept ist recht stärkereich. Bei zu festen Stühlen besser nur 70 g Hirse und zusätzlich 30 g eingeweichten Dinkelschrot verwenden.

Nährwert pro Portion:

ca. 260 kcal | 5 g Fett
11 g Eiweiß | 42 g Kohlenhydrate

BAUCHSCHMEICHLER-START

60 g zarte Haferflocken | 50 g Haferfleks® mit Kleie | Saft von 1 kleinen Orange | 150 g griechischer Joghurt (10 % Fett) | 2 EL Mandelmus | 20 g Kokoschips | 250 g Galia-Melone

Für 2 Personen | 10 Min. Zubereitung

1 Die Haferflocken und -fleks in einer Müslischale vermengen. Orangensaft, Joghurt, Mandelmus und Kokoschips unterrühren.

2 Die Kerne aus der Melone kratzen und das Melonenstück in schmale Spalten schneiden. Das Fruchtfleisch von der Schale und anschließend in mundgerechte Stücke schneiden. Die Melonenstücke aufs Müsli geben und dieses servieren.

BAUCHSCHMEICHLER-TIPP:

Stuhlgang zu fest: Tauschen Sie die Melone gegen Apfel oder Birne aus.

Nährwert pro Portion:

ca. 520 kcal	29 g Fett
15 g Eiweiß	47 g Kohlenhydrate

PORRIDGE

20 g Butter | 200 g kernige Haferflocken | 1 l Milch (1,5 % Fett) | 200 g Kompott aus erlaubten Früchten (aus der Dose oder aus dem Glas) | Zimtpulver | Zucker
Für 4 Personen | 20 Min. Zubereitung

1 Butter in einer Pfanne erhitzen und die Haferflocken darin leicht bräunen. Die Milch zugeben und unter ständigem Rühren, damit die Milch nicht anbrennt, 10 Min. einkochen lassen. Anschließend den Porridge 5 Min. auf der ausgeschalteten Herdplatte nachquellen lassen.

2 Nun das Kompott unter den Porridge heben und diesen nach Belieben mit Zimt und Zucker abschmecken.

BAUCHSCHMEICHLER-TIPP:

Stuhlgang zu weich: Ersetzen Sie die kernigen Haferflocken durch zarte. Als Obst anstelle des Kompotts 1 Banane für die Zubereitung verwenden.
Stuhlgang zu fest: Ersetzen Sie 50 g Haferflocken durch 30 g Weizenkleie und 20 g Leinsaatschrot.

Nährwert pro Portion:

ca. 400 kcal | 11 g Fett
16 g Eiweiß | 56 g Kohlenhydrate

Erfrischender BEERENSCHMAUS

600 g TK-Beerenmischung (Erdbeeren, Himbeeren, Johannisbeeren, Sauerkirschen) | 80 g Zucker | 500 g Naturjoghurt (3,5 % Fett) | 250 g körniger Frischkäse | abgeriebene Schale und Saft von 1 Bio-Zitrone | 60 g Pinienkerne

Für 4 Personen | 15 Min. Zubereitung

1 Am Vortag die Beeren in ein Sieb geben, und dieses über eine Schüssel hängen. Die Beeren so in den Kühlschrank stellen und über Nacht auftauen lassen.

2 Am nächsten Tag die aufgetauten Beeren und den Zucker in einen hohen Rührbecher geben und mit dem Stabmixer fein pürieren.

3 Joghurt und körnigen Frischkäse in einer Rührschüssel vermengen. Die Zitronenschale unterrühren. Die Joghurt-Frischkäse-Creme mit Zitronensaft abschmecken, in breite Dessertschälchen geben, das Fruchtpüree darübergießen und mit den Pinienkernen bestreuen.

BAUCHSCHMEICHLER-TIPP:

Stuhlgang zu fest: Ziehen Sie zusätzlich 1 EL Haferkleie und 1 TL Chiasamen oder gehackte Nüsse unter die Fruchtmasse und servieren Sie den Beerenschmaus zügig.

Nährwert pro Portion:

ca. 385 kcal | 17 g Fett
15 g Eiweiß | 45 g Kohlenhydrate

HEIDELBEER-BUTTERMILCH-DRINK

200 g Heidelbeeren | 1 EL Zitronensaft | 1 EL Puderzucker | 500 g Buttermilch | 1 EL Honig | 1 EL zarte Haferflocken | ½ EL abgeriebene Bio-Zitronenschale
Für 2 Personen | 20 Min. Zubereitung

1 Die Hälfte der Heidelbeeren mit Zitronensaft und Puderzucker in einem kleinen Topf aufkochen. Bei schwacher Hitze 4 Min. weiterköcheln lassen. Anschließend durch ein feines Sieb streichen und möglichst viel Saft ausdrücken. Die restlichen Heidelbeeren ins Püree geben, unterrühren und alles kalt werden lassen.

2 Buttermilch mit Honig, Haferflocken und Zitronenschale glatt rühren. Dann mit dem kalten Kompott verrühren. Drink in hohe Gläser füllen und nicht zu kalt servieren.

BAUCHSCHMEICHLER-TIPP:

Stuhlgang zu weich: Anstatt der Buttermilch verwenden Sie Dickmilch oder Bulgariajoghurt® und rühren die Masse gegebenenfalls mit etwas Sahne sämig.
Stuhlgang zu fest: In ganz hartnäckigen Fällen verwenden Sie anstatt der Haferflocken 20 g Weizenkleie und ersetzen die Heidelbeeren durch Johannisbeeren.
Zu viel Luft im Bauch: Anstatt der Buttermilch verwenden Sie 300 ml Milch (1,5 % Fett) gemischt mit 100 ml Sahne und 2 EL Joghurt (1,5 % Fett).

Nährwert pro Portion:

ca. 210 kcal	2 g Fett
10 g Eiweiß	35 g Kohlenhydrate

Rote MÖHREN-MILCH

2 Möhren | 1 TL gehackte TK-Petersilie | 10 g Weizenkleie | 200 g Joghurt (3,5 % Fett) | 100 ml Sahne | 100 ml Rote-Bete-Saft | 1 – 2 TL Zitronensaft | Zucker

Für 2 Personen | 10 Min. Zubereitung

1 Die Möhren schälen, putzen, in grobe Würfel schneiden und in den Becher eines Standmixers geben. Petersilie, Weizenkleie, Joghurt, Sahne und Rote-Bete-Saft ebenfalls in den Becher geben und alles so lange mixen, bis eine homogene Masse entstanden ist.

2 Die rote Möhren-Milch mit etwas Zitronensaft und – je nach Vorliebe – mit etwas Zucker abschmecken, dann in zwei hohe Gläser füllen und genießen.

BAUCHSCHMEICHLER-TIPP:

Stuhlgang zu weich: Streichen Sie die Weizenkleie ersatzlos.
Stuhlgang zu fest: Tauschen Sie die Sahne gegen Buttermilch aus.
Zu viel Luft im Bauch: Ersetzen Sie die Weizenkleie durch 1 EL Haferkleie.

Nährwert pro Portion:

ca. 275 kcal | 19 g Fett | 6 g Eiweiß | 19 g Kohlenhydrate

KNUSPERMÜSLI

mit Dickmilch

30 g Walnusskerne
140 g kernige Haferflocken
30 g Mandelblättchen
10 g Pinienkerne
1 TL Zimtpulver
50 g flüssiger Honig
2 EL Öl
500 g Dickmilch
abgeriebene Schale von
1 Bio-Zitrone
Saft von ½ Zitrone
70 g helle Weintrauben
70 g blaue Weintrauben

Für 4 Personen
15 Min. Zubereitung
20 Min. Backen

Nährwert pro Portion:

- ca. 425 kcal
- 12 g Eiweiß
- 22 g Fett
- 42 g Kohlenhydrate

1 Den Backofen auf 175° vorheizen. Die Walnüsse grob hacken. Ein Backblech mit Backpapier auslegen. Haferflocken, Mandeln, Walnüsse, Pinienkerne, Zimt, Honig und Öl in einer Schüssel vermischen.

2 Die Haferflocken-Nuss-Mischung auf dem Blech verteilen und im Backofen (Mitte) 20 Min. unter gelegentlichem Wenden backen. Anschließend das Blech aus dem Ofen nehmen und das Müsli auf dem Blech vollständig auskühlen lassen.

3 In einer großen Schüssel die Dickmilch mit Zitronenschale und -saft verrühren.

4 Die Weintrauben waschen, die Beeren von den Stielen zupfen, halbieren und unter die Dickmilch heben. Weintrauben-Dickmilch auf vier tiefe Teller verteilen und pro Person 3 – 4 EL Knuspermüsli daraufstreuen.

TIPP:

Die Grundmüslimischung lässt sich gut in größeren Mengen vorbereiten und in einem luftdichten Schraubglas aufbewahren. Sie hält sich 3 – 4 Wochen.

BAUCHSCHMEICHLER-TIPP:

Stuhlgang zu weich: Ersetzen Sie die Weintrauben durch Himbeeren, Heidelbeeren oder Bananen und verwenden Sie anstelle der kernigen Haferflocken zarte Haferflocken.
Luft im Bauch: Tauschen Sie die Weintrauben durch Melone oder Pfirsich aus.

BENÖTIGT
ETWAS ZEIT

DER
KLASSIKER

DINKELBRÖTCHEN

450 g Dinkelkörner oder Dinkelvollkornmehl
1 Würfel frische Hefe (42 g)
1 EL Honig (oder Zucker)
250 – 300 ml lauwarme Milch (1,5 % Fett)
1 TL Salz
½ TL Brotgewürz
2 EL Milch zum Eintauchen
Kümmelsamen, Sesamsamen oder Roggenschrot
Mehl zum Arbeiten

Für 12 Stück
40 Min. Zubereitung
1 Std. 30 Min. Ruhen

Nährwert pro Stück:

- ca. 140 kcal
- 8 g Eiweiß
- 1 g Fett
- 25 g Kohlenhydrate

1 Dinkelkörner mit einer Getreidemühle fein mahlen. Die zerbröckelte Hefe mit dem Honig in 125 ml Milch auflösen. Die Hefemilch stehen lassen, bis sich Bläschen bilden.

2 Mehl, Salz und Brotgewürz in einer Rührschüssel vermengen. Die Hefemilch zugeben und während des Knetens mit dem Knethaken auf niedriger Stufe in der Küchenmaschine nach und nach so viel von der restlichen Milch zugeben, bis ein luftiger homogener Teig entstanden ist.

3 Den Teig auf bemehlter Arbeitsfläche ca. 5 Min. kräftig durchkneten, bis er nicht mehr klebt und elastisch ist. In einer Schüssel zugedeckt an einem warmen Ort ca. 1 Std. ruhen lassen, bis sich das Volumen verdoppelt hat. Ein Backblech mit Backpapier belegen.

4 Aus dem Teig eine Rolle formen, diese in 12 Stücke schneiden und Brötchen daraus formen. Diese mit der Oberseite in Milch und anschließend in Kümmel, Sesam oder Roggenschrot tauchen. Brötchen auf das Blech legen und nochmals abgedeckt gehen lassen, bis sich ihr Volumen verdoppelt hat. Den Backofen auf 230° vorheizen.

5 Brötchen auf der Oberseite kreuzweise einschneiden und auf der mittleren Schiene in den Backofen schieben. Zu Beginn der Backzeit 1 Tasse kaltes Wasser auf den Boden des Backofens schütten. Nach 10 Min. Backzeit die Backofentür kurz öffnen und die Feuchtigkeit entweichen lassen. Die Temperatur auf 200° reduzieren. Die Brötchen in weiteren 10 Min. fertig backen, dann aus dem Ofen holen und auf einem Kuchengitter auskühlen lassen.

KARTOFFELBRÖTCHEN

450 g mehligkochende Kartoffeln
10 g Salz
1 EL Olivenöl
140 g Roggenmehl Type 1150
210 g Weizenmehl Type 550
1 Päckchen Trockenhefe
Mehl zum Arbeiten
Roggenvollkornmehl zum Wälzen

Für 8 Stück
40 Min. Zubereitung
10 – 12 Std. Ruhen

Nährwert pro Stück:

ca. 190 kcal
6 g Eiweiß
2 g Fett
37 g Kohlenhydrate

1 Die Kartoffeln waschen, in einen Topf geben und fingerbreit Wasser zugeben. Dieses aufkochen und die Kartoffeln zugedeckt in ca. 25 Min. garen. Kartoffeln mit kaltem Wasser abschrecken, pellen, in einer Schüssel mit einer Gabel zerdrücken und abkühlen lassen.

2 Salz und Olivenöl zu den Kartoffeln geben und gut untermengen. Roggen- und Weizenmehl, 60 – 100 ml Wasser sowie die Hefe dazugeben und den Teig 10 Min. auf niedrigster Stufe mit dem Knethaken in der Küchenmaschine kneten. Der Teig ist zu Beginn recht trocken, wird aber zunehmend feuchter. Sollte der Teig nach 10 Min. Kneten noch kleben, weiterkneten, bis er eine elastisch, lockere Konsistenz hat. Anschließend den Teig in einer ausreichend großen, luftdicht verschließbaren Schüssel für mindestens 9 Std. im untersten Fach des Kühlschranks bei 6° ruhen lassen.

3 Ein Backblech mit Backpapier belegen. Den Teig auf einer bemehlten Arbeitsfläche mit den Händen kräftig durchkneten, in 8 gleich große Teile schneiden und diese zu Brötchen formen. Brötchen rundherum in Roggenvollkornmehl wälzen, auf das Blech setzen und abgedeckt 1 Std. an einem warmen Ort (bei ca. 24°) ruhen lassen.

4 Backofen auf 230° vorheizen. Brötchen längs 1 cm tief einschneiden und auf der zweiten Schiene von unten in den Ofen schieben. 1 Tasse kaltes Wasser auf den Ofenboden schütten. Nach 10 Min. Backzeit die Ofentür kurz öffnen und die Feuchtigkeit entweichen lassen. Die Temperatur auf 200° reduzieren und die Brötchen in weiteren 10 Min. fertig backen; herausnehmen und auskühlen lassen.

AM ABEND
VORBEREITEN

PERFEKT FÜR
BACK-
ANFÄNGER

Schnelles VOLLKORNBROT

2 Päckchen Trockenhefe
1 TL Honig
250 g Buttermilch
250 g Weizenmehl Type 1050
100 g Weizenvollkornmehl
100 g Roggenvollkornmehl
100 g Weizenvollkornschrot
2 EL Leinsamenschrot
1 EL Sonnenblumenkerne
10 – 12 g Salz
1 TL Brotgewürz
1 EL Sauerteigextraktpulver (z. B. von Seitenbacher)
2 EL Essig
Fett für die Form

Für 1 Kastenform von 30 cm Länge (20 Scheiben)
30 Min. Zubereitung
1 Std. 5 Min. Backen

Nährwert pro Scheibe:

- ca. 105 kcal
- 4 g Eiweiß
- 1 g Fett
- 19 g Kohlenhydrate

1 Hefe mit Honig und 100 – 150 ml lauwarmem Wasser anrühren und stehen lassen, bis Blasen entstehen.

2 Buttermilch, Weizen- und Weizenvollkornmehl, Roggenvollkornmehl, Weizenvollkorn- und Leinsamenschrot sowie Sonnenblumenkerne, Salz, Brotgewürz, Sauerteig und Essig in eine Rührschüssel geben. Zum Schluss die gegangene Hefe zugeben und alles mit dem Knethaken auf niedriger Stufe mit der Küchenmaschine ca. 10 Min. kneten, bis ein weicher Teig (in der Konsistenz ähnlich wie Rührteig) entstanden ist. Bei Bedarf noch etwas Wasser zugeben.

3 Die Kastenform gut fetten, den Teig einfüllen und in den kalten Backofen auf den Rost (Mitte) stellen. Den Backofen auf 200° aufheizen und das Brot 55 – 65 Min. backen. Das fertige Brot aus dem Ofen holen und vor dem Verzehr gut auskühlen lassen.

VARIANTE:

Der Teig lässt sich auch mit getrockneten Tomaten oder Olivenstückchen anstelle der Ölsaaten zubereiten. Flach auf ein mit Backpapier belegtes Blech gestrichen, wird daraus in ca. 45 Min. Backzeit ein feines Fladenbrot.

BAUCHSCHMEICHLER-TIPP:

Stuhlgang zu fest: Verwenden Sie anstatt der Sonnenblumenkerne 1 EL Chiasamen oder Flohsamenschalen.
Zu viel Luft im Bauch: Lassen Sie das Brot nach dem Backen einen Tag liegen und verzehren Sie es dann getoastet.

KAKAO-ORANGEN-BROT

ca. 250 ml Milch (1,5 % Fett)
1 Würfel frische Hefe (42 g)
3 EL Orangenblütenhonig
1 Bio-Orange
300 g Dinkelmehl (Type 630)
80 g Maisgrieß
100 g gemahlene geröstete Mandeln
10 g Salz
50 g Kakaopulver
Mehl zum Arbeiten

Für 1 Brot (20 Scheiben)
30 Min. Zubereitung
3 Std. Ruhen
45 Min. Backen

Nährwert pro Scheibe:

- ca. 125 kcal
- 5 g Eiweiß
- 4 g Fett
- 17 g Kohlenhydrate

1 Die Milch lauwarm erwärmen. In die Hälfte der Milch die Hefe bröckeln. Diese mit dem Honig in der Milch auflösen und so lange stehen lassen, bis Blasen entstehen.

2 Die Orange heiß waschen, trocken reiben, die Schale fein abreiben und die Orange filetieren, dabei den Saft auffangen. Die Filets in kleine Stückchen schneiden. Vom Orangensaft 2 EL zur übrigen Milch geben.

3 Dinkelmehl, Maisgrieß, Mandeln, Salz, Kakaopulver, Orangenschale und -filets in eine Rührschüssel geben. Zum Schluss die Hefemilch zugießen. Während des Knetens mit dem Knethaken auf niedriger Stufe mit der Küchenmaschine nach und nach so viel von der restlichen Milch zugeben, bis ein luftiger, homogener Teig entstanden ist.

4 Den Teig auf der bemehlten Arbeitsfläche ca. 5 Min. mit den Handballen durchkneten, dabei immer wieder zusammenschlagen und drehen, bis er nicht mehr klebt und elastisch ist, dann in einer Schüssel zugedeckt ca. 2 Std. ruhen lassen, bis sich sein Volumen verdoppelt hat.

5 Ein Backblech mit Backpapier belegen, den Teig als Kugel mit dem Teigschluss nach unten daraufsetzen und kreuzweise einschneiden. Den Teig zugedeckt ca. 1 Std. ruhen lassen, bis sich das Volumen verdoppelt hat. Den Backofen auf 220° (Umluft nicht geeignet) vorheizen. Die Brotoberfläche mit Wasser bestreichen und das Brot auf der zweiten Schiene von unten 40–45 Min. backen. Das fertige Brot aus dem Backofen holen und auf einem Kuchengitter vollständig auskühlen lassen.

BITTER-SÜSSER
BROT-
GENUSS

SCHINKEN-KÄSE-ROLLE

Für den Teig:
1 Würfel frische Hefe (42 g)
1 TL Zucker
250 g Weizenmehl Type 1050
150 g Weizenvollkornmehl
1 ½ TL Salz (ca. 8 g)
250 g zimmerwarme Buttermilch
Für die Füllung:
1 kleiner Zucchino
1 Frühlingszwiebel
100 g Bergkäse
150 g gekochter Schinken
1 Päckchen gemischte TK-Kräuter
Salz, Pfeffer
Sesamsamen zum Bestreuen
Mehl zum Arbeiten

Für 1 Rolle (16 Scheiben)
45 Min. Zubereitung
1 Std. 30 Min. Ruhen
45 Min. Backen

Nährwert pro Scheibe:

- ca. 130 kcal
- 8 g Eiweiß
- 3 g Fett
- 17 g Kohlenhydrate

1 Die Hefe mit dem Zucker in ca. 4 EL lauwarmem Wasser auflösen und stehen lassen, bis sich Blasen bilden.

2 Die Mehle mit dem Salz in eine Rührschüssel geben. Die gegangene Hefe zugeben und während des Knetens mit dem Knethaken auf niedriger Stufe mit der Küchenmaschine nach und nach die Buttermilch dazugießen, bis ein fluffiger Teig entstanden ist.

3 Den Teig auf der bemehlten Arbeitsfläche ca. 5 Min. kräftig durchkneten, bis er nicht mehr klebt und elastisch ist. In einer Schüssel zugedeckt ca. 50 Min. ruhen lassen, bis sich das Volumen verdoppelt hat.

4 Inzwischen für die Füllung Zucchino und Frühlingszwiebel waschen, putzen und klein würfeln. Käse und Schinken ebenfalls in kleine Würfel schneiden. Zucchino, Frühlingszwiebel, Käse, Schinken und Kräuter mischen und die Füllung mit Salz und Pfeffer abschmecken. Ein Backblech mit Backpapier belegen.

5 Den Teig auf bemehlter Arbeitsfläche ca. 1 cm dick rechteckig ausrollen. Die Füllung auf dem Teig verteilen und diesen locker von der Längsseite her aufrollen. Die Rolle mit dem Teigschluss nach unten auf das Backblech legen, mit Wasser bestreichen, mit Sesam bestreuen und abgedeckt noch einmal ca. 30 Min. ruhen lassen.

6 Den Backofen auf 220° vorheizen. Die Rolle im Ofen (2. Schiene von unten) ca. 45 Min. backen, dann herausnehmen und auf einem Kuchengitter auskühlen lassen.

PARTY- UND
PICKNICK-
TAUGLICH

Geflügel-SANDWICHROLLE

4 Scheiben Vollkorn-Sandwichtoast | 50 g Rucola | 200 g Quark (20 % Fett) | 1 Päckchen gemischte TK-Kräuter | Zucker | Salz | Pfeffer | 1 kleine Salatgurke (ca. 150 g) | 100 g Putenbrustaufschnitt | 4 Holzspieße
Für 2 Personen | 20 Min. Zubereitung

1 Vollkorntoast entrinden und die Scheiben mit einer Teigrolle dünn ausrollen.

2 Rucola waschen, verlesen, putzen und einige Blätter fein schneiden. Quark, fein geschnittene Rucolablätter und Kräuter verrühren und mit 1 Prise Zucker, Salz und Pfeffer abschmecken. Toastscheiben mit der Quarkcreme bestreichen. Gurke waschen, putzen und vierteln. Jedes Viertel in dünne Scheiben schneiden.

3 Restlichen Rucola, Putenbrust und Gurkenscheiben auf der Quarkcreme verteilen. Toastscheiben eng aufrollen, mit Holzspießen fixieren und z. B. mit Möhrenstiften oder Kirschtomaten als Beilage genießen.

BAUCHSCHMEICHLER-TIPP:

Stuhlgang zu fest: Verwenden Sie anstatt des Vollkorntoasts Roggenvollkornbrot ohne Ölsaaten für die Sandwichrolle.
Zu viel Luft im Bauch: Ersetzen Sie den Rucola durch Feldsalat.

Nährwert pro Portion:

ca. 385 kcal	13 g Fett
34 g Eiweiß	31 g Kohlenhydrate

Italienische BRÖTCHEN

4 Vollkornbrötchen (z. B. Dinkelbrötchen von Seite 53) | 4 Eiertomaten | ½ Bund Oregano | 250 g Mozzarella | 4 EL Olivenöl | Pfeffer | Salz | 16 große Basilikumblätter
Für 4 Personen | 30 Min. Zubereitung

1 Ein Backblech mit Backpapier belegen. Die Brötchen halbieren und auf das Blech legen. Den Backofen auf 180° vorheizen.

2 Die Tomaten waschen, von den Stielansätzen befreien und in Scheiben schneiden. Den Oregano waschen, trocken schütteln und die Blättchen fein hacken. Mozzarella abtropfen lassen und in Scheiben schneiden. Oregano auf die Brötchenhälften streuen, mit Olivenöl beträufeln, dann nacheinander die Tomaten- und Mozzarellascheiben auf die Brötchen legen.

3 Brötchen pfeffern, salzen, mit Olivenöl beträufeln und im Ofen (Mitte) backen, bis der Mozzarella beginnt zu verlaufen. Brötchen aus dem Ofen holen und warm mit je 2 Basilikumblättchen garniert servieren.

BAUCHSCHMEICHLER-TIPP:

Stuhlgang zu fest: Wählen Sie Brötchen mit einem hohen Kleie-Anteil oder wälzen Sie die Dinkelbrötchen von Seite 53 vor dem Backen in Kleie.

Nährwert pro Portion:

ca. 415 kcal	24 g Fett
17 g Eiweiß	28 g Kohlenhydrate

BRÖTCHEN

mit orientalischem Auberginenpüree

1 Knoblauchzehe
4 EL Olivenöl
4 Auberginen (à 250 g)
Salz
Pfeffer
½ Bund glatte Petersilie
4 Vollkornbrötchen
1 Zitrone
1 Msp. Chilipulver
1 TL gemahlener Kreuzkümmel
1 TL Zimtpulver
Zucker
1 TL Tahini-Paste (Sesammus, gibt's im gut sortierten Supermarkt oder im türkischen Lebensmittelladen)
150 g Joghurt (1,5 % Fett)
2 EL Sesamsamen

Für 4 Personen
1 Std. Zubereitung

Nährwert pro Portion:

ca. 340 kcal
10 g Eiweiß
15 g Fett
35 g Kohlenhydrate

1 Den Knoblauch schälen, durch die Presse drücken und mit 1 EL Olivenöl verrühren. Den Backofen auf 200° vorheizen. Ein Backblech mit Backpapier belegen.

2 Auberginen waschen, längs halbieren, das Fruchtfleisch mit der Messerspitze leicht einschneiden, mit dem Knoblauchöl einstreichen und mit Salz und Pfeffer würzen. Auberginenhälften mit den Schnittflächen nach oben auf das Backblech legen und im Backofen (2. Schiene von unten) 20–30 Min. garen.

3 Inzwischen die Petersilie waschen, trocken schütteln, Blättchen abzupfen und hacken. Brötchen halbieren und mit etwas Olivenöl bestreichen.

4 Auberginen aus dem Ofen nehmen. Die Brötchen auf dem Gitterrost im Ofen (2. Schiene von unten) in ca. 7 Min. goldbraun rösten. Das Auberginenfruchtfleisch mit einem Löffel aus den Schalen lösen, etwas abkühlen lassen und anschließend fein hacken.

5 Die Zitrone auspressen und das Auberginenfruchtfleisch mit etwas Zitronensaft, der Petersilie, Chilipulver, Salz, Pfeffer, Kreuzkümmel, Zimt, 1 Prise Zucker und dem restlichen Olivenöl mischen.

6 Tahini und Joghurt verrühren, mit Zitronensaft, Salz und Pfeffer abschmecken. Sesam in einer Pfanne ohne Fett rösten. Jeweils 1–2 EL Auberginenpüree auf die Brötchen geben, mit Sesam bestreuen, auf eine Platte legen, mit der Tahini-Joghurt-Sauce beträufeln und sofort servieren.

NICHT
ALLTÄGLICH

KRÄUTERRÜHREI

250 g Tomaten | 4 EL gemischte TK-Kräuter (z. B. Basilikum, Oregano, Petersilie, Schnittlauch) | 6 Eier | 150 g Crème fraîche | Salz | Pfeffer | 40 g Butter | 4 Scheiben Vollkornbrot
Für 4 Personen | 20 Min. Zubereitung

1 Die Tomaten waschen, von den Stielansätzen befreien und in Scheiben schneiden. Die Kräuter mit 2 Eiern und Crème fraîche in einem hohen Gefäß gründlich verrühren. Die Masse mit den restlichen Eiern verquirlen und mit Salz und Pfeffer würzen.

2 20 g Butter in einer Pfanne erhitzen. Die Hälfte der Eimasse in die Pfanne gießen, bei schwacher Hitze stocken lassen und dabei mit einem Pfannenwender von außen nach innen immer wieder zusammenschieben.

3 Aus restlicher Eimasse und Butter auf die gleiche Art und Weise ein Rührei zubereiten. Das Rührei mit Tomatenscheiben und Vollkornbrot auf vier Tellern anrichten und sofort servieren.

BAUCHSCHMEICHLER-TIPP:

Stuhlgang zu fest: Ersetzen Sie die Hälfte der Tomaten durch Kohlrabiraspel.
Zu viel Luft im Bauch: Verwenden Sie kein zu frisches Brot als Beilage.

Nährwert pro Portion:

ca. 425 kcal | 34 g Fett
15 g Eiweiß | 15 g Kohlenhydrate

SMØRREBRØD mit Ei und Lachs

½ Salatgurke | 2 TL Meerrettich (aus dem Glas) | 1 TL Honig | 100 g Schmand | ½ Bund Dill | Salz | Pfeffer | 4 Scheiben feines Vollkornbrot (z. B. das Schnelle Vollkornbrot von Seite 57) | 2 hart gekochte Eier | 8 Scheiben Räucherlachs | feine Zitronenzesten von 1 Bio-Zitrone zum Garnieren

Für 4 Personen | 20 Min. Zubereitung

1 Gurke waschen, putzen, schälen, der Länge nach vierteln, von den Kernen befreien, klein würfeln und mit Meerrettich, Honig und Schmand mischen.

2 Den Dill waschen, trocken schütteln, die Dillspitzen abzupfen, klein hacken und unter die Gurkenmasse rühren. Diese mit Salz und Pfeffer würzen und auf den Brotscheiben verteilen.

3 Die Eier pellen und in Scheiben schneiden. Je 2 Scheiben Lachs sowie ½ Ei auf jedes Brot legen, diese mit Dill und Zitronenzesten garnieren und servieren.

BAUCHSCHMEICHLER-TIPP:

Für eine Zwischenmahlzeit servieren Sie 120 g Tomaten oder ½ geputzte, klein geschnittene Fenchelknolle dazu.

Stuhlgang zu fest: Verwenden Sie Pumpernickel anstelle des Vollkornbrots.

Nährwert pro Portion:

ca. 315 kcal	18 g Fett
22 g Eiweiß	15 g Kohlenhydrate

VOLLKORN-BANANEN-MUFFINS

2 getrocknete Aprikosen
3 EL frisch gepresster Orangensaft
140 g Dinkelmehl (Type 630)
140 g Dinkelvollkornmehl
3 TL Backpulver
Salz
100 g Zucker
abgeriebene Schale von 1 Bio-Orange
2 Eier (Größe L)
2 Bananen
ca. 100 ml Milch (1,5 % Fett)
6 EL Öl
Fett für die Form oder Papierförmchen

Für 12 Stück
20 Min. Zubereitung
30 Min. Marinieren
20 Min. Backen

Nährwert pro Stück:

ca. 205 kcal
5 g Eiweiß
7 g Fett
29 g Kohlenhydrate

1 Den Backofen auf 200° vorheizen. Ein Muffinblech einfetten oder Papierförmchen in die Mulden setzen. Die Aprikosen fein würfeln, mit dem Orangensaft übergießen und anschließend 30 Min. marinieren.

2 Dinkelmehle, Backpulver, 1 Prise Salz, Zucker und Orangenschale in einer Schüssel vermengen. Die Eier in einer Tasse leicht verquirlen. Die Bananen schälen, mit einer Gabel zerdrücken, in einen Messbecher geben und mit der Milch auf 250 ml auffüllen.

3 In die Mitte der Mehlmischung eine Mulde drücken, Eier und Bananenmilch sowie das Öl hineingießen und alle Zutaten nur kurz vermischen, nicht zu intensiv rühren.

4 Den Teig auf die Formmulden verteilen und die Muffins im Backofen (Mitte) ca. 20 Min. backen, bis sie aufgegangen und goldbraun sind. Sie sollten auf Fingerdruck noch leicht nachgeben. Die Muffins im Blech 5 Min. abkühlen lassen, dann aus dem Blech nehmen und auf einem Kuchengitter vollständig auskühlen lassen.

BAUCHSCHMEICHLER-TIPP:

Stuhlgang zu fest: Tauschen Sie die Banane ganz einfach gegen Birnen aus.
Zu viel Luft im Bauch: Verwenden Sie anstatt Dinkelvollkornmehl Dinkelmehl Type 630.

FRÜHSTÜCK
»TO GO«

DUFTEN
NACH
WEIHNACHTEN

JOGHURT-GEWÜRZ-MUFFINS

50 g Ölsaaten (z. B. Sonnenblumenkerne, Kürbiskerne, Leinsamen, Sojaschrot)
140 g Weizenmehl Type 550
140 g Weizenvollkornmehl
3 TL Backpulver
½ TL Natron
4 TL Lebkuchengewürz
Salz
100 g Zucker
2 Eier (Größe L)
250 g Joghurt (1,5 % Fett)
6 EL Öl
Fett für die Form oder Papierförmchen

Für 12 Stück
20 Min. Zubereitung
20 Min. Backen

Nährwert pro Stück:

- ca. 200 kcal
- 6 g Eiweiß
- 8 g Fett
- 25 g Kohlenhydrate

1 Den Backofen auf 200° vorheizen. Ein Muffinblech einfetten oder Papierförmchen in die Mulden setzen. Eine Pfanne ohne Fett erhitzen und die Ölsaaten darin rösten, bis sie duften, dann beiseitestellen.

2 Weizenmehle, Backpulver, Natron, Lebkuchengewürz, 1 Prise Salz, Zucker und Ölsaaten in einer Schüssel vermengen. Die Eier in einer separaten Schüssel leicht verquirlen, dann den Joghurt und das Öl einrühren.

3 In die Mitte der trockenen Zutaten eine Mulde drücken, die Eimischung hineingießen und alle Zutaten nur kurz vermischen, nicht zu intensiv rühren.

4 Den Teig auf die Formmulden verteilen und im Backofen (Mitte) ca. 20 Min. backen, bis sie aufgegangen und goldbraun sind. Sie sollten auf Fingerdruck noch leicht nachgeben. Die Muffins im Blech 5 Min. abkühlen lassen, dann aus dem Blech nehmen und vor dem Servieren auf einem Kuchengitter vollständig auskühlen lassen.

TIPP:

Die Muffins lassen sich gut vorbereiten und halten sich in einer gut verschlossenen Dose mehrere Tage frisch.

BAUCHSCHMEICHLER-TIPP:

Stuhlgang zu fest: Verwenden Sie nur Weizenvollkornmehl und erhöhen Sie die Joghurtmenge auf 300 – 350 g.

MÖHRENSUPPE

mit Zitronensahne

600 g Möhren
1 kleine Zwiebel
1 EL Butter
1 TL Zucker
Salz
1 Msp. Currypulver
frisch gemahlener Pfeffer
1–1,3 l Hühnerfond
100 g Sahne
Saft von ½ Zitrone
geröstete, gehackte Kürbiskerne zum Garnieren

Für 4 Personen
50 Min. Zubereitung

Nährwert pro Portion:

- ca. 150 kcal
- 2 g Eiweiß
- 11 g Fett
- 11 g Kohlenhydrate

1 Möhren putzen, schälen und in Scheiben schneiden. Zwiebel schälen und klein würfeln. Butter in einem Topf erhitzen und die Zwiebel darin bei mittlerer Hitze glasig dünsten. Möhren zugeben, mit dem Zucker bestreuen und glasieren, etwas Salz zugeben. Gemüse mit Curry und wenig Pfeffer würzen und mit 1 l Hühnerfond ablöschen, dann 30–40 Min. bei schwacher Hitze zugedeckt sanft köcheln lassen. Wenn die Flüssigkeit zu stark reduziert, einfach mit etwas Fond wieder auffüllen.

2 Sobald die Möhren gar sind, die Suppe pürieren und durch ein Haarsieb streichen. Die Suppe sofort abkühlen. Entweder Sie stellen die Suppe in den Tiefkühler oder auf Eis in den Kühlschrank.

3 Die Sahne mit etwas Salz und dem Zitronensaft in eine Schüssel geben und halb steif schlagen. Die kalte Suppe mit etwas Hühnerfond in die richtige Konsistenz bringen: Sie soll dickflüssig sein, aber nicht steif. Die Suppe in vier Glas- oder feine Porzellanschälchen füllen, mit je 1 EL Zitronensahne verzieren und mit Kürbiskernen bestreuen.

TIPP:

Die Zubereitung dieser Suppe ist einfach und geht schnell. Trotzdem sind ihre Zutaten in der Zusammenstellung etwas Besonderes und eignen sich prima für Gäste.

BAUCHSCHMEICHLER-TIPP:

Stuhlgang zu fest: Tauschen Sie die Hälfte der Möhren durch Blumenkohl aus.

TOLLE
AROMEN-
KOMBI

BROKKOLISUPPE mit Cremeklecks

400 g Brokkoli (Röschen, Stiele, gerne auch Blätter) | 1 Zwiebel | 1 Knoblauchzehe | 1 EL Olivenöl | 400 – 500 ml Gemüsebrühe | Salz | Pfeffer | 100 g Schmand | 1 – 2 EL Zitronensaft | 150 ml Milch (3,8 % Fett) | frisch geriebene Muskatnuss
Für 2 Personen | 40 Min. Zubereitung

1 Brokkoli waschen, putzen und in grobe Stücke schneiden. Zwiebel und Knoblauch schälen und in feine Würfel schneiden.

2 Das Olivenöl in einem breiten Topf erhitzen. Brokkoli, Zwiebel und Knoblauch unter Rühren 3 – 5 Min. darin andünsten. Dann mit der Gemüsebrühe auffüllen, mit Salz und Pfeffer würzen, aufkochen und in ca. 10 Min. zugedeckt bei schwacher Hitze gar kochen.

3 Schmand und Zitronensaft zugeben und die Suppe mit dem Stabmixer kurz pürieren. Die Milch erwärmen und in einem hohen Gefäß mit einem Milchaufschäumer aufschlagen. Die Suppe in große Tassen oder Teller füllen und den Milchschaum mittig platzieren. Mit etwas Muskatnuss bestäuben und servieren.

Nährwert pro Portion:

ca. 270 kcal | 20 g Fett
9 g Eiweiß | 10 g Kohlenhydrate

TOMATENSUPPE mit Cashewkernen

2 kg Tomaten | 500 g Möhren | 2 Zwiebeln | 1 Knoblauchzehe | 1 Stück frischer Ingwer (ca. 2 cm) | 4 EL Cashewkerne | 3 EL Butter | 2 EL Zucker | 1 EL Tomatenmark | 1 Dose geschälte Tomaten (400 g) | Salz | Pfeffer | 200 g Sahne | je 1 EL gehackte Petersilie, Thymian, Basilikum | 150 g saure Sahne | 1 Beet Kresse
Für 6 Personen | 50 Min. Zubereitung

1 Tomaten waschen, von den Stielansätzen befreien und würfeln. Möhren schälen, putzen und in Scheiben schneiden. Zwiebeln, Knoblauch und Ingwer schälen und fein würfeln. Cashewkerne grob hacken.

2 Butter in einem Topf erhitzen und Zwiebeln und Knoblauch darin anschwitzen.

3 Tomaten, Möhren, Ingwer sowie 250 ml Wasser dazugeben, aufkochen und 3 – 4 Min. sprudelnd kochen lassen. Zucker, Tomatenmark und Dosentomaten hinzufügen und die Suppe 30 Min. bei schwacher Hitze unter ständigem Rühren köcheln lassen.

4 Suppe pürieren, salzen und pfeffern. Sahne und die gehackten Kräuter unterrühren. Kresse vom Beet schneiden. Die Suppe auf vier tiefen Tellern anrichten. In die Mitte 1 Klecks saure Sahne geben, Kresse und die Cashewkerne darauf verteilen.

Nährwert pro Portion:

ca. 330 kcal	21 g Fett
9 g Eiweiß	24 g Kohlenhydrate

Geröstete GRIESSSUPPE

2 kleine Möhren | 250 g Knollensellerie | 1 Petersilienwurzel | 1 Fenchelknolle | 100 g grüne Erbsen (aus der Dose) | 30 g Butter | 50 g Dinkelvollkorngrieß | 1 l Gemüsebrühe | Salz | frisch geriebene Muskatnuss | 2 EL gehackte Petersilie
Für 4 Personen | 50 Min. Zubereitung

1 Möhren, Sellerie und Petersilienwurzel schälen, putzen und klein würfeln. Fenchel waschen, putzen, vierteln, vom harten Strunk befreien und ebenfalls klein würfeln. Die Erbsen in ein Sieb abgießen.

2 Die Butter in einem Topf erhitzen und den Vollkorngrieß darin goldgelb anrösten. Das Gemüse und die Erbsen dazugeben und kurz mitdünsten.

3 Die Gemüsebrühe mit in den Topf geben, aufkochen und die Suppe ca. 20 Min. zugedeckt bei schwacher Hitze köcheln lassen.

4 Die Suppe mit Salz und Muskatnuss abschmecken. Auf vier tiefe Teller verteilen und vor dem Servieren mit gehackter Petersilie bestreuen.

BAUCHSCHMEICHLER-TIPP:

Stuhlgang zu weich: Pürieren Sie die Suppe vor dem Verzehr.
Zu viel Luft im Bauch: Ersetzen Sie die Sellerieknolle durch Petersilienwurzel.

Nährwert pro Portion:

ca. 155 kcal | 7 g Fett
5 g Eiweiß | 14 g Kohlenhydrate

KARTOFFELSUPPE mit Lachs

1 kg mehligkochende Kartoffeln | 1 Bund Suppengrün (Möhre, Petersilienwurzel, Lauch, Knollensellerie) | 1 Zwiebel | 1 EL Öl | 1 – 1,5 l Gemüsebrühe | 400 g Lachsfilet | 100 g Sahne | Salz | Pfeffer | frisch geriebene Muskatnuss | 1 TL Kurkumapulver | 1/4 Beet Kresse zum Garnieren

Für 4 Personen | 30 Min. Zubereitung

1 Kartoffeln schälen und würfeln. Möhre und Petersilienwurzel putzen, schälen und in Scheiben schneiden. Den Lauch der Länge nach halbieren, waschen und in feine Scheiben schneiden. Sellerie und Zwiebel schälen und würfeln.

2 Das Öl in einem großen Topf erhitzen und das Gemüse darin 2 Min. andünsten.

3 Die Brühe angießen und die Suppe bei schwacher Hitze zugedeckt ca. 20 Min. köcheln lassen, bis die Kartoffeln gar sind.

4 Den Lachs in 2 cm große Würfel schneiden. Die Sahne zur Suppe geben, diese nicht ganz fein pürieren und mit Salz, Pfeffer, Muskat und Kurkuma abschmecken.

5 Zum Schluss den Lachs in die Suppe geben und 5 Min. bei schwacher Hitze gar ziehen lassen. Suppe auf vier tiefe Teller verteilen. Die Kresse vom Beet schneiden und die Suppe damit garnieren.

Nährwert pro Portion:

ca. 470 kcal	25 g Fett
25 g Eiweiß	34 g Kohlenhydrate

GRÜNE ERBSENSUPPE

1 mittelgroße Zwiebel
½ rote Chilischote
1 – 2 EL Olivenöl
2 TL Kreuzkümmelsamen
600 g TK-Erbsen
1 l Gemüsebrühe
100 g rote Linsen
1 Bund Kerbel
4 – 8 Bärlauchblätter oder
½ Knoblauchzehe
80 g Mandelmehl (gibt's im Bioladen oder Reformhaus)
1 TL edelsüßes Paprikapulver
Salz
Pfeffer

Für 4 Personen
45 Min. Zubereitung

Nährwert pro Portion:

- ca. 355 kcal
- 28 g Eiweiß
- 9 g Fett
- 36 g Kohlenhydrate

1 Die Zwiebel schälen und fein hacken. Die Chilischote waschen, entkernen und fein würfeln.

2 In einen breiten Topf etwas Olivenöl erhitzen und die Zwiebel darin anbraten. Kreuzkümmel und Chilischote dazugeben und 1 Min. mitbraten. Unaufgetaute Erbsen dazugeben, kurz mitbraten und dann mit der Gemüsebrühe aufgießen. Die roten Linsen unterrühren. Die Suppe aufkochen und zugedeckt bei schwacher bis mittlerer Hitze in ca. 15 Min. fertig garen.

3 Inzwischen den Kerbel waschen, trocken schütteln, die Blättchen abzupfen und diese fein hacken. Bärlauch waschen, trocken tupfen und fein hacken bzw. den Knoblauch schälen und fein würfeln, dann in die Suppe geben. Je nach Geschmack kann die Suppe auch püriert werden. Zum Schluss das Mandelmehl mit etwas kaltem Wasser glatt rühren und in die Suppe geben. Suppe mit Paprikapulver, Salz und Pfeffer abschmecken, auf vier tiefe Teller verteilen, mit Kerbel bestreuen und servieren.

BAUCHSCHMEICHLER-TIPP:

Zu viel Luft im Bauch: Durch die Verwendung von TK-Erbsen und dem Mandelmehl sollte dem beschwerdefreien Genuss nichts im Wege stehen.
Stuhlgang zu fest: Ersetzen Sie 50 g Mandelmehl durch Haferkleie.

VEGGIE-
EIWEISSQUELLE

KÄSESUPPE MIT SELLERIE

1 Schalotte | 500 g Staudensellerie | 500 g Knollensellerie | 150 g Gouda | 2 EL Öl | 150 g Sahne | 1 TL gekörnte Gemüsebrühe | Salz | Zucker | Pfeffer | 1 Spritzer Zitronensaft
Für 4 Personen | 50 Min. Zubereitung

1 Schalotte schälen und fein würfeln. Selleriestangen waschen, putzen und in 1 cm große Stücke schneiden, dabei etwas Grün beiseitelegen. Knollensellerie schälen, putzen und in ca. 1 cm große Würfel schneiden. Den Gouda reiben.

2 Öl in einem Topf erhitzen und die Schalotte darin glasig anschwitzen. Stauden- und Knollensellerie zugeben und ca. 5 Min. unter ständigem Rühren anbraten. Mit 800 ml heißem Wasser und der Sahne ablöschen und die Brühe unterrühren.

3 Die Suppe aufkochen und 20 Min. zugedeckt bei schwacher Hitze köcheln lassen.

4 Suppe mit dem Stabmixer pürieren, dann den Käse nach und nach unter ständigem Rühren darin schmelzen. Dabei gut rühren, damit der Käse nicht zu Boden sinkt und anbrennt. Suppe mit Salz, 1 Prise Zucker, Pfeffer und Zitronensaft kräftig abschmecken, auf vier tiefe Teller verteilen und mit Selleriegrün garnieren. Dazu schmeckt Roggenbrot sehr gut.

Nährwert pro Portion:

ca. 300 kcal	24 g Fett
14 g Eiweiß	7 g Kohlenhydrate

RUSSISCHER BORSCHTSCH

1 Zwiebel | 250 g Möhren | 200 g Petersilienwurzel | 4 Rote Beten (ca. 400 g) | 300 g Kartoffeln | 2 EL Öl | Salz | Zucker | 2 EL Rotweinessig | 1 ½ TL gemahlener Kümmel | Pfeffer | ½ TL Pimentpulver | 1 Bund Schnittlauch | 150 g saure Sahne

Für 4 Personen | 1 Std. Zubereitung

1 Zwiebel schälen und fein würfeln. Möhren schälen, putzen und in feine Scheiben schneiden. Petersilienwurzel und Rote Beten schälen, putzen und würfeln. Kartoffeln waschen, schälen und würfeln.

2 Öl in einem Topf erhitzen. Zwiebel, Möhren, Petersilienwurzel und Rote Beten darin andünsten. 1 l heißes Wasser zugießen und alles aufkochen. Kartoffeln zugeben.

3 Die Suppe mit Salz, 1 Prise Zucker, Essig, Kümmel, Pfeffer und Piment würzen, nochmals aufkochen und ca. 30 Min. zugedeckt bei schwacher Hitze köcheln lassen.

4 Suppe mit dem Stabmixer grob pürieren und nochmals abschmecken. Schnittlauch waschen, trocken schütteln und in Röllchen schneiden. Die Suppe auf vier tiefe Teller verteilen, mit 1 Klecks saurer Sahne und Schnittlauch garnieren.

Nährwert pro Portion:

ca. 205 kcal | 9 g Fett
6 g Eiweiß | 24 g Kohlenhydrate

FISCHSUPPE »CARDIFF«

400 g Seelachsfilet
je 1 Zweig Rosmarin, Thymian und Oregano
Saft von 1 Zitrone
200 g Blumenkohl
200 g Möhren
200 g Kartoffeln
2 EL Öl
1 Msp. edelsüßes Paprikapulver
Salz
Pfeffer
1 TL gekörnte Gemüsebrühe
250 g Zucchini
200 g Tomaten
2 – 3 EL frische gehackte Kräuter (z. B. Thymian, Rosmarin, Oregano, Petersilie)

Für 4 Personen
50 Min. Zubereitung
2 Std. Ruhen

Nährwert pro Portion:

- ca. 195 kcal
- 22 g Eiweiß
- 7 g Fett
- 12 g Kohlenhydrate

1 Das Seelachsfilet waschen und trocken tupfen. Die Kräuter waschen und trocken schütteln. Den Seelachs mit den Kräutern und dem Zitronensaft in einer Schüssel marinieren und abgedeckt ca. 2 Std. kühl stellen.

2 Dann den Blumenkohl zerteilen und waschen. Die Strünke großzügig entfernen und nur die Röschen verwenden. Die Möhren schälen, putzen und in kleine Würfel schneiden. Kartoffeln waschen, schälen und klein würfeln.

3 Das Öl in einem Topf erhitzen. Blumenkohl, Möhren und Kartoffeln darin unter ständigem Rühren ca. 8 Min anbraten. Mit Paprikapulver, Salz und Pfeffer mild abschmecken. Mit 600 ml heißem Wasser aufgießen, das Gemüsebrühpulver einrühren, die Suppe aufkochen und zugedeckt bei schwacher Hitze 2 Min. köcheln lassen.

4 Den Seelachs aus der Marinade nehmen, in große Würfel schneiden, in die Suppe geben und bei schwacher Hitze darin 8 Min. ziehen lassen.

5 Inzwischen die Zucchini waschen, putzen und klein würfeln. Tomaten waschen, von den Stielansätzen befreien und klein würfeln. Beides in die Suppe geben und weitere 5 Min. ziehen lassen, sodass die Zucchini noch bissfest sind. Die gehackten Kräuter in die fertige Suppe geben. Diese auf vier tiefe Teller verteilen und servieren.

BAUCHSCHMEICHLER-TIPP:

Zu viel Luft im Bauch: Verwenden Sie wirklich nur die Röschen des Blumenkohls oder nehmen Sie TK-Blumenkohl.

NICHT NUR
FREITAGS
LECKER

EISKALTER
SUPPEN-
GENUSS

SALMOREJO

200 g Weißbrot vom Vortag
8–9 EL Sherryessig
100 ml Olivenöl
2 Eier
300 g rote Paprikaschoten
2 Schalotten
2 Knoblauchzehen
900 g sehr reife Tomaten
1 Bund Basilikum
½ Bund Koriandergrün
Salz
Pfeffer
Chilipulver
Zucker

Für 4 Personen
30 Min. Zubereitung
30 Min. Einweichen
2 Std. Kühlen

Nährwert pro Portion:

- ca. 460 kcal
- 11 g Eiweiß
- 29 g Fett
- 36 g Kohlenhydrate

1 Den Backofengrill vorheizen. Das Brot in grobe Würfel schneiden, in einer großen Schüssel mit 300 ml kaltem Wasser, Sherryessig und Olivenöl begießen und 30 Min. einweichen lassen.

2 Inzwischen die Eier in kochendes Wasser geben, in 10 Min. hart kochen, dann kalt abschrecken. Die Paprikaschoten halbieren, von Kerngehäusen und weißen Trennwände befreien, waschen, mit der Hautseite nach oben in eine feuerfeste Form legen und im heißen Ofen (oben) grillen, bis die Haut schwarz wird und Blasen wirft. Dann aus dem Ofen holen, abkühlen lassen und die Haut abziehen.

3 Inzwischen Schalotten und Knoblauch schälen, in grobe Stücke schneiden, 2 Min. in kochendem Wasser blanchieren, dann abgießen. Die Tomaten waschen, von den Stielansätzen befreien und grob würfeln. Basilikum und Koriander waschen, trocken schütteln und die Blättchen abzupfen. 2 EL Korianderblättchen für die Garnitur beiseitelegen.

4 Paprika, Tomaten, Schalotten, Knoblauch, Basilikum und Koriander zum Brot geben und die Mischung lange pürieren, bis die Suppe eine ganz glatte Konsistenz hat – eventuell das Püree noch durch ein feines Sieb streichen. Die Suppe sollte sehr dick sein, mehr Dip als Suppe. Salmorejo mit Salz, Pfeffer, Chili und Zucker abschmecken und für mindestens 2 Std. kalt stellen, dann nochmals abschmecken.

5 Die Suppe auf vier tiefe Teller verteilen. Eier pellen, würfeln, auf die Suppe streuen und diese mit Korianderblättchen garniert servieren.

TOFUBRATLINGE

mit glasierten Möhren

Für die Bratlinge:
1 Möhre
1 kleine Zwiebel
1 Knoblauchzehe, 1 EL Öl
1 TL Kurkumapulver
1 TL edelsüßes Paprikapulver
1 TL Tomatenmark
300 g weicher Tofu, natur
25 g Dinkelvollkornmehl
30 g gehackte Walnusskerne
1 Ei, Salz, Pfeffer
Mehl zum Bestäuben
Öl zum Braten

Für die glasierten Möhren:
600 g Möhren
1 Schalotte, 1 TL Butter
200 ml Gemüsebrühe
1 TL Zucker, Salz
1 EL gehackte Petersilie

Für 4 Personen
1 Std. Zubereitung

Nährwert pro Portion:

- ca. 275 kcal
- 13 g Eiweiß
- 18 g Fett
- 15 g Kohlenhydrate

1 Für die Bratlinge die Möhre schälen, putzen und fein raspeln. Zwiebel und Knoblauch schälen und fein würfeln. Das Öl in einem Topf erhitzen und darin Möhre, Zwiebel und Knoblauch 1 – 2 Min. anbraten. Kurkuma, Paprikapulver und Tomatenmark unterrühren, die Mischung in einem Sieb abtropfen und abkühlen lassen.

2 Den Tofu mit einem Kartoffelstampfer zerdrücken, in einer Rührschüssel mit der Möhren-Zwiebel-Mischung, Mehl, Walnüssen und dem Ei gründlich vermengen und kräftig mit Salz und Pfeffer abschmecken. Aus der Masse mit angefeuchteten Händen 8 kleine Bratlinge formen. Diese auf beiden Seiten mit etwas Mehl bestäuben. Öl in einer Pfanne erhitzen und die Bratlinge darin von jeder Seite 3 – 4 Min. goldbraun braten, dann herausnehmen, auf Küchenpapier abtropfen lassen und warm stellen.

3 Die Möhren schälen, putzen und in feine Scheiben hobeln. Schalotte schälen und würfeln. Butter in einem Topf erhitzen und die Schalotte darin anschwitzen. Möhren zugeben, kurz andünsten, wenig Brühe angießen, mit Zucker und Salz würzen und zugedeckt bei schwacher Hitze 10 – 12 Min. garen, dabei immer wieder etwas Brühe angießen.

4 Möhren mit dem Schaumlöffel aus dem Topf heben und den Fond sirupartig einkochen. Dann die Möhren darin schwenken und die gehackte Petersilie aufstreuen. Tofubratlinge mit dem Möhrengemüse auf vier Tellern anrichten. Als Beilage schmeckt ganz besonders gut dazu ein mit Walnussöl verfeinertes Kartoffelpüree.

KÄSEFRIKADELLEN

400 ml Gemüsebrühe | 200 g zarte Haferflocken | 1 EL Flohsamenschalen | 200 g rote Paprikaschoten | 1 Knoblauchzehe | 200 g Schafskäse (Feta) | Salz | Pfeffer | 40 g Butter | 2 EL Öl
Für 4 Personen | 1 Std. Zubereitung | 20 Min. Quellen

1 Gemüsebrühe in einem Topf zum Kochen bringen, die Haferflocken einstreuen und auf der ausgeschalteten Herdplatte 20 Min. ausquellen lassen. Anschließend die Flohsamenschalen unterrühren.

2 Paprika halbieren, von Kerngehäusen und weißen Trennwänden befreien, waschen und sehr klein würfeln. Knoblauch schälen und fein hacken. Knoblauch und Paprika zur Haferflockenmasse geben.

3 Feta in kleine Würfel schneiden und vorsichtig unter die Masse heben. Diese mit Salz und Pfeffer abschmecken und mit feuchten Händen 12 gleichmäßige flache Frikadellen daraus formen. Butter und Öl in einer großen Pfanne erhitzen und die Frikadellen darin von beiden Seiten bei mittlerer Hitze jeweils 4 Min. braten. Fertige Frikadellen servieren.

BAUCHSCHMEICHLER-TIPP:

Dazu passt **bei festem Stuhlgang** eine Joghurtsauce, **bei zu viel Luft im Bauch** eine Möhrenrohkost mit Essig-Öl-Marinade.

Nährwert pro Portion:

ca. 440 kcal	26 g Fett
16 g Eiweiß	32 g Kohlenhydrate

WOKNUDELPFANNE

2 Möhren | 1 Zucchino | 200 g Brokkoli | ½ Bund Frühlingszwiebeln | 1 rote Paprikaschote | 2 EL Öl | 1–2 EL helle Sojasauce | 1–2 EL dunkle Sojasauce | Salz | ½ TL Kreuzkümmel | 1 TL Kurkumapulver | 125 g Wok-Eiernudeln (Instant) | 125 g Sojasprossen (aus dem Glas)

Für 2 Personen | 45 Min. Zubereitung

1 Die Möhren schälen und putzen. Zucchino, Brokkoli und Frühlingszwiebeln putzen und waschen. Möhren und Zucchino längs halbieren und schräg in dünne Scheiben schneiden. Brokkoli in kleine Röschen teilen. Paprikaschote halbieren, von Kerngehäuse und weißen Trennwänden befreien, waschen und in Streifen schneiden. Zum Schluss die Frühlingszwiebeln in 3 cm lange Stücke schneiden.

2 Das Öl im Wok oder einer großen Pfanne erhitzen. Möhren, Zucchino, Brokkoli, Paprika und Frühlingszwiebeln darin bei starker Hitze und unter ständigem Rühren 5–10 Min. braten, dann mit heller und dunkler Sojasauce, Salz, Kreuzkümmel und Kurkuma würzen.

3 Die Wok-Nudeln unterrühren und 3 Min. ziehen lassen, eventuell etwas Wasser zugeben. Die Sojasprossen in einem Sieb abtropfen lassen, zur Nudelpfanne geben und diese noch 2 Min. weitergaren. Das Gericht auf zwei Tellern anrichten und servieren.

Nährwert pro Portion:

ca. 475 kcal	14 g Fett
21 g Eiweiß	66 g Kohlenhydrate

FENCHEL-QUARK-RISOTTO

250 g Magerquark
2 EL Olivenöl
gemahlener Safran
Salz
Pfeffer
800 g Fenchel
1 kleine Zwiebel
1 Knoblauchzehe
4 TL gekörnte Gemüsebrühe
250 g Risottoreis
75 ml trockener Weißwein
40 g Butter
50 g frisch geriebener Parmesan
1 Bio-Orange

Für 4 Personen
1 Std. Zubereitung

Nährwert pro Portion:

- ca. 495 kcal
- 21 g Eiweiß
- 18 g Fett
- 58 g Kohlenhydrate

1 Den Quark in einem Sieb abtropfen lassen. Anschließend in einer Schüssel mit 1 EL Olivenöl und 1 kleinen Prise Safran verrühren, mit Salz und Pfeffer würzen und kalt stellen, bis der Risotto fertig ist.

2 Die Fenchelknollen putzen, waschen, halbieren und die Strünke herausschneiden (Bild 1). Das Grün abschneiden und beiseitelegen. Fenchelknollen in etwa 1 cm große Würfel schneiden. Zwiebel und Knoblauch schälen und sehr fein würfeln. 1 l Wasser zum Kochen bringen, die gekörnte Brühe darin auflösen und warm halten.

3 Restliches Olivenöl in einem Topf erhitzen und Fenchel, Zwiebel und Knoblauch darin bei mittlerer Hitze 10 Min. glasig dünsten. Den Risottoreis zugeben (Bild 2) und unter Rühren dünsten, bis der Reis glasig wird, dann salzen. Nach und nach den Wein zugeben (Bild 3) und unter ständigem Rühren immer wieder einkochen lassen.

4 Von der heißen Brühe so viel zugeben, dass der Reis gerade bedeckt ist, und unter Rühren köcheln lassen, bis die Flüssigkeit vom Reis vollständig aufgenommen wurde, erst dann erneut Brühe zugeben. So weiterverfahren, bis der Reis nach ca. 20 Min. bissfest gegart ist.

5 Am Ende der Garzeit Butter und Parmesan unterheben. Die Orange heiß abspülen, trocken reiben, die Schale fein abreiben und unter den Risotto heben. Das beiseitegestellte Fenchelgrün fein schneiden. Risotto auf vier vorgewärmte tiefe Teller verteilen, den Quark daraufgeben und mit dem Fenchelgrün bestreut servieren (Bild 4).

BEKÖMMLICHE MITTAGS-MAHLZEIT

1

3

2

4

JAMBALAYA

2 rote Paprikaschoten
1 Stange Staudensellerie
1 Maiskolben
175 g Räuchertofu
1 Zwiebel
1 Zweig Bohnenkraut
4 EL Öl
1 TL Zucker
150 g Langkornreis
1 Msp. gemahlener Koriander
2 EL edelsüßes Paprikapulver
1 TL Currypulver
1 Msp. gemahlene Fenchelsamen
1 EL Tomatenmark
1 l Gemüsebrühe
1 Zucchino
½ Bund glatte Petersilie
Salz

Für 4 Personen
45 Min. Zubereitung

Nährwert pro Portion:

- ca. 370 kcal
- 13 g Eiweiß
- 15 g Fett
- 43 g Kohlenhydrate

1 Die Paprikaschoten vierteln, von Kerngehäusen und weißen Trennwänden befreien, waschen und grob würfeln. Selleriegrün von der Stange abschneiden und beiseitelegen. Die Stange waschen, putzen und in 1 cm große Stücke schneiden. Den Maiskolben waschen und in ca. 1 cm breite Scheiben schneiden. Den Räuchertofu in 1 cm große Würfel schneiden. Die Zwiebel schälen und grob würfeln. Bohnenkraut abbrausen und trocken schütteln.

2 Das Öl in einem großen Topf erhitzen. Die Zwiebel darin glasig dünsten, dann mit dem Zucker glasieren. Paprika, Sellerie, Mais, Tofu und Reis zugeben und ca. 5 Min. unter Rühren dünsten, bis der Reis beginnt glasig zu werden. Koriander, Paprikapulver, Bohnenkraut, Curry, Fenchel und Tomatenmark zugeben und unterrühren. Den Topfinhalt mit der Brühe ablöschen und den Eintopf ca. 25 Min. offen bei mittlerer Hitze köcheln lassen.

3 Zucchino waschen, putzen, in Scheiben schneiden, unter den Eintopf heben und diesen weitere 5 Min. bei schwacher Hitze ziehen lassen. Das Selleriegrün und die Petersilie waschen und trocken schütteln. Die Petersilienblätter von den Stielen zupfen. Selleriegrün und Petersilienblätter hacken. Den Eintopf zum Schluss mit Salz abschmecken und mit den Kräutern bestreut servieren.

BAUCHSCHMEICHLER-TIPP:

Stuhlgang zu weich: Bereiten Sie den Eintopf mit sehr klein geschnittenem Gemüse und ohne Mais zu.
Stuhlgang zu fest: Tauschen Sie Langkornreis gegen Vollkornreis oder Gerstengraupen aus.

VEGANE
URLAUBS-
ERINNERUNG

MILD IM
GESCHMACK,
SANFT ZUM
DARM

ZUCCHINIAUFLAUF

150 g Hirse
450 ml Milch (1,5 % Fett)
Salz
1 EL gehackter TK-Dill
Pfeffer
1 Zwiebel
300 g Zucchini
4 Eier
100 g Quark
Fett für die Form

Für 4 Personen
30 Min. Zubereitung
45 Min. Backen

Nährwert pro Portion:

- ca. 320 kcal
- 18 g Eiweiß
- 12 g Fett
- 34 g Kohlenhydrate

1 Die Hirse in ein feines Sieb geben, unter heißem, fließendem Wasser waschen und abtropfen lassen. Die Milch aufkochen, die Hirse und 1 TL Salz einrühren. Die Hirse 5 – 10 Min. bei mittlerer Hitze mit leicht geöffnetem Deckel köcheln lassen. Dann die Hitze reduzieren und die Hirse für ca. 15 Min. ausquellen lassen. Sollte die Hirse noch nicht gar sein, aber schon sämtliche Milch aufgesogen haben, einfach noch etwas zusätzliche Milch zugießen.

2 Den gehackten Dill unterheben, die Masse kräftig mit Salz und Pfeffer abschmecken und abkühlen lassen. Eine Auflaufform (ca. 20 × 30 cm) gut einfetten.

3 Den Backofen auf 180° vorheizen. Die Zwiebel schälen und fein würfeln. Die Zucchini waschen, putzen, grob raspeln und mit den Händen etwas ausdrücken. Zwiebel und Zucchini unter die Hirsemasse heben.

4 Die Eier trennen und das Eiweiß mit 1 Prise Salz zu steifem Schnee schlagen. Die Eigelbe mit dem Quark verrühren und unter die Hirsemasse ziehen. Dann vorsichtig den Eischnee unterheben und die Masse in die Form füllen. Den Auflauf im Backofen (Mitte) in ca. 40 – 45 Min. goldbraun backen. Aus dem Ofen nehmen und beispielsweise mit Blattsalat und Tomatensauce servieren.

BAUCHSCHMEICHLER-TIPP:

Stuhlgang zu weich: Geben Sie 1 fein geriebene Möhre in den Auflauf.
Stuhlgang zu fest: Verwenden Sie anstatt der Zucchini Fenchel oder TK-Blumenkohl.

PILZAUFLAUF »Milanese«

250 g Makkaroni | Salz | 250 g Champignons | 1 Zwiebel | 1 TL Öl | 4 Eier | 400 ml Milch | 1 EL gehackte TK-Petersilie | Pfeffer | 100 g Edamer (am Stück) | Fett für die Form

Für 4 Personen | 25 Min. Zubereitung | 30 Min. Backen

1 Nudeln nach Packungsangabe in reichlich kochendem Salzwasser bissfest garen. Inzwischen die Pilze trocken abreiben, putzen und in Scheiben schneiden. Die Zwiebel schälen und würfeln. Das Öl in einer Pfanne erhitzen und die Zwiebel darin glasig dünsten. Die Pilze zufügen und kurz mitdünsten.

2 Den Backofen auf 200° vorheizen. Eine Auflaufform (ca. 20 × 30 cm) gut einfetten.

3 Die Nudeln abgießen, kurz abtropfen lassen, dann sofort mit der Pilz-Zwiebel-Mischung vermengen und in die Auflaufform geben. Die Eier mit Milch und Petersilie gut verrühren, salzen, pfeffern und über die Nudeln gießen. Den Käse reiben und auf dem Auflauf verteilen.

4 Den Auflauf im heißen Backofen (Mitte) ca. 30 Min. backen, bis er goldbraun ist. Anschließend herausnehmen, auf vier Teller verteilen und servieren.

Nährwert pro Portion:

ca. 470 kcal	19 g Fett
24 g Eiweiß	51 g Kohlenhydrate

Gebackener SCHAFSKÄSE

2 EL Olivenöl | 400 g Schafskäse (Feta) | 4 Tomaten | 1 gelbe Paprikaschote | ½ grüne Paprikaschote | 1 Zwiebel | 1 Knoblauchzehe | je 1 Zweig Thymian, Rosmarin und Oregano | Basilikumblätter zur Garnitur
Für 4 Personen | 20 Min. Zubereitung | 30 Min. Backen

1 Den Backofen auf 200° vorheizen. Eine Auflaufform (ca. 20 × 30 cm) mit 1 EL Öl fetten. Den Schafskäse abtropfen lassen und in die Form legen.

2 Tomaten waschen, von den Stielansätzen befreien und in feine Scheiben schneiden. Die gelbe Paprikaschote halbieren. Beide Paprikaschoten von Kerngehäusen und weißen Trennwänden befreien, waschen und in feine Streifen schneiden.

3 Die Zwiebel und die Knoblauchzehe schälen und fein würfeln. Tomatenscheiben, Paprikastreifen, Zwiebel- und Knoblauchwürfel auf dem Schafskäse verteilen.

4 Die Kräuterzweige waschen, trocken schütteln und mit in die Form legen. Käse und Gemüse mit restlichem Öl beträufeln und im Backofen (Mitte) ca. 30 Min backen. Dann aus dem Ofen holen und mit frischem Basilikum garniert servieren. Dazu passen Kartoffeln oder Brot.

Nährwert pro Portion:

ca. 315 kcal	24 g Fett
18 g Eiweiß	5 g Kohlenhydrate

TARTE MIT GRÜNEM SPARGEL

250 g Dinkelvollkornmehl
125 g kalte Butter in Flöckchen
4 Eier
Salz
1 Msp. Brotgewürz
1 Msp. Backpulver
500 g grüner Spargel
200 g saure Sahne
3 EL frisch geriebener Parmesan
Pfeffer
frisch geriebene Muskatnuss
Fett für die Form

Für 1 Quicheform mit 26 cm Ø (4 Portionen)
45 Min. Zubereitung
30 Min. Ruhen
35 Min. Backen

Nährwert pro Portion:

- ca. 615 kcal
- 21 g Eiweiß
- 40 g Fett
- 44 g Kohlenhydrate

1 Das Mehl mit Butter, 1 Ei, 1 TL Salz, Brotgewürz und Backpulver mit den Knethaken des Handrührgeräts oder mit den Händen zu einem glatten Teig verkneten. Nach Bedarf 1–2 EL kaltes Wasser zufügen. Den Teig zu einer Kugel formen, in Frischhaltefolie wickeln und ca. 30 Min. kühlen.

2 Inzwischen für den Belag den Spargel waschen, nur das untere Drittel schälen, die holzigen Enden abschneiden und die Stangen in ca. 3 cm lange Stücke schneiden. 1,5 l Wasser aufkochen, salzen und den Spargel darin ca. 2 Min. blanchieren. In ein Sieb abgießen, mit kaltem Wasser abschrecken und gut abtropfen lassen.

3 Den Backofen auf 200° vorheizen. Die Quicheform dünn fetten. Saure Sahne, restliche Eier und den Parmesan verrühren und den Guss mit Salz, Pfeffer und Muskat würzen.

4 Den Teig etwas größer als die Form ausrollen und die Form mit dem Teig auskleiden, dabei einen Rand formen. Die Spargelstücke unter den Rahmguss heben und alles auf dem Teigboden verteilen. Die Tarte im heißen Backofen (Mitte) 30–35 Min. backen, anschließend aus dem Ofen nehmen, lauwarm abkühlen lassen, in Stücke schneiden und mit einem Blattsalat als Beilage servieren.

BAUCHSCHMEICHLER-TIPP:

Stuhlgang zu fest: Servieren Sie anstatt Blattsalat geraspelten Fenchel oder Möhren-Apfel-Rohkost zur Tarte.

SCHMEICHELT
DEM BAUCH
IM FRÜHLING

BUCHWEIZENCRÊPES

mit Tomaten-Käse-Füllung

50 g Butter
250 g Buchweizenmehl
1 Ei
350 ml Milch
Salz
2 Eiertomaten
12 dünne Scheiben Livarot (französischer Käse aus der Normandie)

Für 4 Personen
30 Min. Zubereitung
1 Std. Ruhen

Nährwert pro Portion:

- ca. 555 kcal
- 22 g Eiweiß
- 27 g Fett
- 53 g Kohlenhydrate

1 Die Butter bei schwacher Hitze schmelzen. Das Buchweizenmehl mit dem Ei, der Milch und 3 TL Salz verquirlen, bis der Teig glatt ist. Dann ca. 350 ml Wasser unterrühren. Anschließend die geschmolzene Butter einarbeiten. Den Teig 1 Std. ruhen lassen, dann eventuell nochmals mit etwas Wasser verdünnen, wenn er nicht richtig dünnflüssig ist.

2 Die Tomaten waschen, von den Stielansätzen befreien und in dünne Scheiben schneiden. Eine große beschichtete Pfanne ohne Fett erhitzen. Von der Platte nehmen, ½–¾ Schöpfkelle Teig hineingeben (Bild 1), gleichmäßig dünn durch Schwenken am Pfannenboden verteilen und die Pfanne wieder auf die heiße Herdplatte stellen. Erst wenn die Teigränder sich lösen, den Crêpe wenden (Bild 2).

3 1 Scheibe Käse und 2 Tomatenscheiben in die Mitte des Crêpes geben, die seitlichen Ränder einklappen, den Crêpe von unten nach oben zusammenfalten (Bild 3), aus der Pfanne nehmen, in eine ofenfeste Form legen und im auf 100° vorgeheizten Backofen warm stellen. Auf diese Weise 11 weitere Crêpes backen und dann heiß servieren (Bild 4).

TIPP:

Buchweizencrêpes eignen sich ganz besonders gut für herzhafte Füllungen, wie andere Käsesorten, feinblättrig geschnittene Champignons, Kräuter oder Nüsse.

BAUCHSCHMEICHLER-TIPP:

Stuhlgang zu fest: Geben Sie 50 g Weizenkleie zum Teig und füllen Sie die Crêpes mit klein geraspeltem Gemüse.

FRISCH AM BESTEN

RINDERFILET MIT PRINZESSBÖHNCHEN

Für das Fleisch:
400 g Rinderfilet
½ Zwiebel
1 Knoblauchzehe
2 EL Sojasauce
1 EL gekörnte Gemüsebrühe
2 EL Öl
Für das Gemüse:
800 g Prinzessbohnen
1 Zweig Bohnenkraut
Salz
1 Zwiebel
Pfeffer
1 Spritzer Sojasauce

Für 4 Personen
45 Min. Zubereitung
1 Std. Marinieren

Nährwert pro Portion:

- ca. 245 kcal
- 27 g Eiweiß
- 10 g Fett
- 12 g Kohlenhydrate

1 Das Filet trocken tupfen und in 4 gleich große Steaks schneiden. Für die Marinade Zwiebel und Knoblauchzehe schälen, fein hacken und mit Sojasauce und Brühe verrühren. Steaks und Marinade in einen festen Gefrierbeutel geben und gut miteinander vermischen. Den Beutel fest verschließen und für 1 Std. in den Kühlschrank legen.

2 In der Zwischenzeit die Bohnen waschen, putzen und in gleichmäßige, mundgerechte Stücke schneiden. In einem großen Topf mit Deckel ca. 250 ml Wasser aufkochen, die Bohnen, das Bohnenkraut und ¼ TL Salz ins kochende Wasser geben und die Bohnen zugedeckt bei mittlerer Hitze ca. 15 Min. garen. Anschließend in ein Sieb abgießen und abtropfen lassen. Die Zwiebel schälen und fein würfeln.

3 Den Backofen auf 80° vorheizen. Das Öl in einer breiten Pfanne erhitzen, die Filets samt Marinade in die Pfanne geben und 2 Min. von jeder Seite scharf anbraten. Herausnehmen, in Alufolie wickeln und im Backofen warm stellen.

4 Zwiebelwürfel für die Prinzessbohnen in das Bratfett in der Pfanne geben und glasig dünsten. Die Bohnen dazugeben und 8 – 10 Min. anbraten, dann mit Salz, Pfeffer und Sojasauce abschmecken. Die Bohnen auf vier vorgewärmte Teller verteilen. Die Steaks auf den Bohnen anrichten, mit dem Fleischsaft beträufeln und sofort servieren. Dazu passt Basmatireis oder etwas Baguette.

BAUCHSCHMEICHLER-TIPP:

Zu viel Luft im Bauch: Verwenden Sie TK-Bohnen oder Bohnen aus der Dose.

SCHMECKT AUCH PRINZEN

ROASTBEEF MIT REMOULADE

Für das Roastbeef:
1 kg Roastbeef
Salz
bunter Pfeffer aus der Mühle
1 EL Olivenöl für den Rost
Für die Remoulade:
1 kleine Zwiebel
2 Gewürzgurken
½ Bund gemischte Kräuter (z. B. glatte Petersilie, Dill, Kresse, Kerbel, Schnittlauch, Sauerampfer, Borretsch, Pimpinelle)
200 g griechischer Joghurt (10 % Fett)
1 Eigelb
1 EL Zitronensaft
2 TL mittelscharfer Senf
Salz, Pfeffer
200 ml Sonnenblumenöl

Für 6 Personen
30 Min. Zubereitung
45 Min. Braten

Nährwert pro Portion:

- ca. 580 kcal
- 39 g Eiweiß
- 46 g Fett
- 3 g Kohlenhydrate

1 Das Fleisch von Sehnen, Haut und Fett befreien, trocken tupfen und mit Salz und Pfeffer einreiben. Den Backofen auf 240° vorheizen. Das Fleisch auf den leicht eingefetteten Backofenrost legen, mit der Fettpfanne darunter in den Backofen (Mitte) schieben und 35 – 45 Min. braten. Wenn ein Fleischthermometer 60° Kerntemperatur anzeigt, ist das Fleisch perfekt. Dann den Braten aus dem Ofen nehmen, in Alufolie einschlagen und mindestens 15 Min. bis zum Anschneiden in der Folie ruhen lassen.

2 Inzwischen für die Remoulade die Zwiebel schälen und zusammen mit den Gewürzgurken sehr fein würfeln. Die frischen Kräuter waschen, trocken schütteln, die Blättchen abzupfen und fein hacken. Zwiebel, Gurken und Kräuter mit dem Joghurt verrühren und mit Salz und Pfeffer würzen. Eigelb, Zitronensaft, Senf, Salz und Pfeffer mit den Quirlen des Handrührgeräts verrühren und dann langsam das Öl unter Rühren zulaufen lassen, bis eine homogene Masse entstanden ist. Diese mit der Joghurtcreme gut vermengen.

3 Das Roastbeef in dünne Scheiben schneiden und nach Belieben warm oder kalt mit der Remoulade servieren.

BAUCHSCHMEICHLER-TIPP:

Stuhlgang zu fest: Denken Sie an ausreichende Gemüsemengen zu dieser Mahlzeit. Blumenkohl- oder Brokkoligemüse passen ebenso hervorragend wie Fenchel- oder Feldsalat als Beilage.
Zu viel Luft im Bauch: Dann dünsten Sie am besten die Zwiebel in 1 TL Sonnenblumenöl glasig, bevor Sie sie unter die Remoulade mischen.

GUT
VORZU-
BEREITEN

KALBSMEDAILLONS auf Kürbispüree

500 g Hokkaidokürbis | 4 mittelgroße mehligkochende Kartoffeln | 450 ml Rinderbrühe | Salz | 1 EL Walnussöl | 4 Kalbsmedaillons (à 150 g) | Pfeffer | 8 dünne Scheiben durchwachsener Speck (ca. 80 g) | 2 EL Öl | 4 Holzspieße
Für 4 Personen | 45 Min. Zubereitung

1 Kürbis und Kartoffeln waschen. Kürbis halbieren, von Stielansatz und Kernen befreien und in kleine Stücke schneiden. Kartoffeln schälen und würfeln. 350 ml Rinderbrühe in einem Topf zum Kochen bringen, Kartoffeln und Kürbis hineingeben und darin in ca. 15 Min. zugedeckt gar kochen. Sollte Flüssigkeit fehlen, eine kleine Menge Brühe angießen. Das Gemüse samt Brühe pürieren und zum Schluss mit Salz und Walnussöl abschmecken.

2 Die Kalbsmedaillons trocken tupfen, salzen, pfeffern, mit jeweils 2 Scheiben Speck umwickeln und diese mit Holzspießen fixieren. Das Öl in einer Pfanne erhitzen und die Medaillons darin von jeder Seite 3 Min. braten, dann aus der Pfanne nehmen und abgedeckt warm stellen.

3 Den Bratensatz in der Pfanne mit restlicher Rinderbrühe lösen, einkochen lassen und mit Salz und Pfeffer abschmecken. Die Medaillons auf dem Kürbispüree anrichten und mit der Sauce überziehen.

Nährwert pro Portion:

ca. 420 kcal | 23 g Fett
36 g Eiweiß | 17 g Kohlenhydrate

Putenbrust MIT PECORINOKRUSTE

400 g Putenbrust | Salz | Pfeffer | 50 g Kochschinken | 1 Schalotte | 100 g Gewürzgurken | ½ Bund gemischte Kräuter | 1 TL Öl | 200 g saure Sahne | 1 TL süßer Senf | 1 EL Speisestärke | 60 g würziger Pecorino | 2 EL Semmelbrösel | Fett für die Form
Für 4 Personen | 20 Min. Zubereitung | 45 Min. Garen

1 Putenbrust kalt abspülen und trocken tupfen. Eine Auflaufform (ca. 20 × 30 cm) fetten, die Putenbrust hineinlegen und leicht salzen und pfeffern. Den Backofen auf 180° vorheizen.

2 Den Schinken klein würfeln. Schalotte schälen und würfeln. Gewürzgurken würfeln. Kräuter waschen, trocken schütteln, die Blättchen abzupfen und hacken.

3 Das Öl in einer Pfanne erhitzen und Schalotte, Gurken und Schinkenwürfeln darin anschwitzen. Vom Herd nehmen und mit saurer Sahne, Senf, Stärke und den Kräutern mischen. Die Masse auf der Putenbrust verteilen. Pecorino reiben, mit den Semmelbröseln mischen und über die Putenbrust streuen. Diese im Backofen (Mitte) 35 – 45 Min. garen, herausnehmen, in Scheiben schneiden und mit rohem oder gegartem Gemüse als Beilage servieren.

Nährwert pro Portion:

ca. 330 kcal	18 g Fett
33 g Eiweiß	10 g Kohlenhydrate

PUTEN-CORDON-BLEU mit Letscho

1 Stange Staudensellerie
400 g reife Tomaten
2 gelbe Paprikaschoten
2 rote Paprikaschoten
1 Schalotte
2 Knoblauchzehen
2 Zweige Rosmarin
2 EL Olivenöl
200 ml Gemüsebrühe
Salz, Pfeffer
1 ½ TL edelsüßes Paprikapulver
4 Putenschnitzel (à 100 g)
2 Scheiben Kochschinken
2 Scheiben Bergkäse (45 % Fett i. Tr.)
2 EL Öl
4 Holzspieße

Für 4 Personen
50 Min. Zubereitung

Nährwert pro Portion:

- ca. 350 kcal
- 35 g Eiweiß
- 17 g Fett
- 13 g Kohlenhydrate

1 Sellerie waschen, putzen und in dünne Scheiben schneiden. Tomaten waschen, vierteln, von Stielansätzen und Kernen befreien und klein würfeln. Die Paprikaschoten vierteln, von Kerngehäusen und weißen Trennwänden befreien, waschen und in mundgerechte Stücke schneiden. Die Schalotte und den Knoblauch schälen und fein würfeln.

2 Den Rosmarin waschen, trocken schütteln und die Nadeln von den Stielen streifen. In einem Topf das Öl erhitzen und die Schalotte mit dem Knoblauch darin glasig dünsten. Den Sellerie und die Paprika zugeben und kurz mitdünsten, dann die Tomaten unterrühren.

3 Das Gemüse mit der Brühe ablöschen, den Rosmarin zugeben und alles mit Salz, Pfeffer und 1 TL Paprikapulver würzen. Letscho bei mittlerer Hitze offen ca. 10 Min. köcheln lassen, dann noch mal abschmecken.

4 Die Schnitzel kalt abspülen, trocken tupfen, flach klopfen, mit je ½ Scheibe Schinken und Käse belegen, zusammenklappen und mit Holzspießen feststecken.

5 Das Öl in einer Pfanne erhitzen und das Fleisch bei starker Hitze darin rundum 2–3 Min. anbraten. Die Hitze reduzieren und die Cordon bleus unter mehrmaligem Wenden in ca. 5 Min fertig braten. Das Fleisch mit Salz, Pfeffer sowie ½ TL Paprikapulver würzen und mit Letscho servieren.

BAUCHSCHMEICHLER-TIPP:

Stuhlgang zu weich: Ersetzen Sie den Staudensellerie durch Petersilienwurzel.

KLASSIKER IM NEUEN GEWAND

MIT
GRÜSSEN
AUS DEM
ORIENT

LAMMKOTELETTS

in Orangensauce

Für das Fleisch:
8 Stielkoteletts vom Lamm
Salz, Pfeffer
4–6 Blätter frische Minze
2 Zweige Rosmarin
1 Knoblauchzehe
1 Zitrone
4 EL Olivenöl
Saft und abgeriebene Schale von 1 Bio-Orange
50 g Sahne

Für die Ofenkartoffeln:
1 kg festkochende Kartoffeln
Salz, 1 TL edelsüßes Paprikapulver
gemahlener Koriander
2 EL Olivenöl
3–4 Zweige Rosmarin

Für 4 Personen
45 Min. Zubereitung
40 Min. Garen
mind. 5 Std. Marinieren

Nährwert pro Portion:

- ca. 535 kcal
- 24 g Eiweiß
- 34 g Fett
- 33 g Kohlenhydrate

1 Lammkoteletts abspülen, trocken tupfen, salzen, pfeffern und in eine Auflaufform legen. Minze und Rosmarin waschen, trocken tupfen, die Rosmarinnadeln abstreifen und beides fein hacken. Knoblauch schälen und sehr fein würfeln. Die Zitrone auspressen. Kräuter und Knoblauch mit der Hälfte des Zitronensafts und 2 EL Öl in einer kleinen Schüssel verquirlen. Salzen, pfeffern und auf den Lammkoteletts verteilen. Mit Frischhaltefolie abdecken und im Kühlschrank mindestens 5 Std., besser über Nacht, marinieren.

2 Für die Ofenkartoffeln den Backofen auf 220° vorheizen. Kartoffeln waschen, schälen und in 2 cm große Würfel schneiden. In einer Schüssel mit Salz, Paprikapulver, 1 Prise Koriander und dem Öl mischen. Ein Backblech mit Backpapier belegen, die Kartoffelwürfel auf den Rosmarinzweigen verteilen und im Ofen (Mitte) ca. 40 Min. garen.

3 Nach 20 Min. Garzeit der Kartoffeln restliches Olivenöl in einer Pfanne stark erhitzen und die Lammkoteletts darin von beiden Seiten jeweils 2 Min. anbraten, dann aus der Pfanne nehmen und mit Alufolie bedeckt warm stellen.

4 Den Bratensatz in der Pfanne mit restlichem Zitronen- und dem Orangensaft ablöschen und ca. 8 Min. bei mittlerer Hitze köcheln lassen. Die Sahne und die Orangenschale zugeben und die Sauce weitere 5 Min. reduzieren. Die Sauce mit Salz und Pfeffer abschmecken, zusammen mit den Koteletts, den Kartoffeln und einem feinen Bohnensalat auf vier Tellern anrichten und sofort servieren.

Südländischer FLEISCHTOPF

400 g Schweineschulter | 2 EL gehackte Kräuter (Thymian, Oregano, Rosmarin) | 1 TL edelsüßes Paprikapulver | 2 EL Öl | 1 Zwiebel | 1 Möhre | 1 kleiner Zucchino | 200 g Knollensellerie | ½ Aubergine | 50 g Maiskörner (aus der Dose) | 1 EL Tomatenmark | 1 Dose stückige Tomaten (400 g) | Salz | Pfeffer
Für 4 Personen | 35 Min. Zubereitung | mind. 1 Std. Marinieren | 40 Min. Garen

1 Das Fleisch trocken tupfen, 2 cm groß würfeln, mit Kräutern, Paprikapulver und Öl vermengen und mindestens 1 Std. zugedeckt kalt stellen.

2 Zwiebel schälen und fein würfeln. Möhre, Zucchino, Sellerie und Aubergine waschen, putzen, evtl. schälen und 1 cm groß würfeln.

3 Einen Topf erhitzen, das marinierte Fleisch darin scharf anbraten. Zwiebel zugeben und kurz mitbraten. Gemüsewürfel sowie den Mais zugeben und alles bei mittlerer Hitze ca. 12 Min. unter ständigem Rühren anbraten. Den Bodensatz, falls nötig, immer wieder mit wenig Wasser lösen.

4 Tomatenmark unterrühren und die Tomaten portionsweise zugeben. Den Eintopf unter Rühren etwas einkochen lassen, dann bei mittlerer Hitze zugedeckt ca. 40 Min. weiterschmoren. Fleischtopf mit Salz und Pfeffer abschmecken und servieren.

Nährwert pro Portion:

ca. 320 kcal	22 g Fett
20 g Eiweiß	9 g Kohlenhydrate

Exotische SCHWEINESPIESSE

4 – 6 lange Holzspieße | 600 g mageres Schweinefleisch | 4 rote Schalotten | 8 getrocknete Aprikosen | 8 hauchdünne Scheiben durchwachsener Speck | ½ Salatgurke | 1 EL Aprikosenkonfitüre | Salz | 3 EL Öl | 1 EL Currypulver | Öl für den Grillrost

Für 4 Personen | 40 Min. Zubereitung | 1 Std. Marinieren

1 Spieße in kaltes Wasser legen. Fleisch trocken tupfen und 3 cm groß würfeln. Schalotten schälen, längs halbieren und die Strunkansätze abschneiden. Aprikosen mit je 1 Scheibe Speck umwickeln. Gurke schälen, längs halbieren und die Kerne herauskratzen. Das Fruchtfleisch in 1 ½ cm breite Stücke schneiden. Alle Zutaten in bunter Reihenfolge auf die Spieße stecken.

2 Aprikosenkonfitüre, Salz, Öl und Curry glatt rühren. Die Spieße dick damit bepinseln und mindestens 1 Std. marinieren.

3 Den Holzkohlegrill oder den Backofengrill anheizen und den Grillrost leicht ölen. Die Spieße auf dem heißen Rost bei mittlerer Hitze 10 – 12 Min. grillen. Dabei öfter wenden und mit etwas Marinade bepinseln. Dazu passen Basmati- oder Safranreis und ein frischer Tomatensalat.

Nährwert pro Portion:

ca. 400 kcal	24 g Fett
36 g Eiweiß	10 g Kohlenhydrate

PIKANTER

Hackfleisch-Käse-Kuchen

1 Päckchen Trockenhefe
1 TL Zucker
250 g Weizenvollkornmehl
Salz, 1 Msp. Brotgewürz
2 EL Öl, 1 Zwiebel
200 g gemischtes Hackfleisch
1 TL edelsüßes Paprikapulver
125 g Camembert
100 g Gewürzgurken
200 g Tomaten
100 g Champignons
200 g Dickmilch
2 Eier
1 EL gehackte Kräuter (Petersilie, Schnittlauch)
Mehl zum Arbeiten

Für 4 Personen (12 Stücke)
40 Min. Zubereitung
50 Min. Ruhen
45 Min. Backen

Nährwert pro Portion:

- ca. 585 kcal
- 31 g Eiweiß
- 32 g Fett
- 44 g Kohlenhydrate

1 Die Hefe mit dem Zucker in 50 ml lauwarmem Wasser auflösen und stehen lassen, bis Blasen entstehen. Mehl, 1 TL Salz und Brotgewürz in einer Rührschüssel mischen. Die gegangene Hefe zugeben und während des Knetens mit dem Knethaken auf niedriger Stufe mit der Küchenmaschine nach und nach 1 EL Öl und 100 – 120 ml lauwarmes Wasser zugeben, bis ein luftiger, homogener Teig entstanden ist. Diesen bei Zimmertemperatur zugedeckt ca. 50 Min. gehen lassen, bis er sein Volumen verdoppelt hat.

2 Inzwischen die Zwiebel schälen und fein würfeln. Restliches Öl in einer Pfanne erhitzen und die Zwiebel darin andünsten. Das Hackfleisch zugeben, scharf anbraten, mit Salz und Paprikapulver würzen und abkühlen lassen.

3 Camembert klein schneiden. Gurken fein würfeln. Die Tomaten waschen, von den Stielansätzen befreien und in dünne Scheiben schneiden. Pilze trocken abreiben, putzen und in feine Scheiben schneiden. Camembert, Gurken, Tomaten und Champignons zum Hackfleisch geben.

4 Dickmilch mit Eiern und Kräutern verquirlen und mit Salz und Pfeffer kräftig abschmecken. Den Backofen auf 180° vorheizen, die Fettpfanne mit Backpapier auslegen.

5 Den Hefeteig auf bemehlter Arbeitsfläche auf Blechgröße ausrollen und in die Fettpfanne legen, die Hackfleischmasse darauf verteilen. Eiermasse darübergießen und glatt streichen. Den Hackfleischkuchen im Backofen (Mitte) 40 – 45 Min. backen, dann herausnehmen und servieren.

AUCH ALS
BÜROSNACK
GEEIGNET

MOUSSAKA

800 g festkochende Kartoffeln
Salz
4 große Tomaten
2 Auberginen
1 kleine Zwiebel
1 Knoblauchzehe
4 EL Öl
500 g Rinderhackfleisch
2 EL Tomatenmark
500 ml passierte Tomaten (aus der Dose)
1 EL gemischte gehackte Kräuter (z. B. Thymian, Petersilie, Basilikum)
frisch gemahlener Pfeffer
150 g saure Sahne
75 g frisch geriebener Parmesan
Öl für die Form

Für 4 Personen
50 Min. Zubereitung
50 Min. Backen

Nährwert pro Portion:

ca. 695 kcal
44 g Eiweiß
41 g Fett
37 g Kohlenhydrate

1 Kartoffeln waschen, schälen, in Scheiben schneiden und in kochendem Salzwasser ca. 8 Min. vorgaren, dann in ein Sieb abgießen und abtropfen lassen. Tomaten und Auberginen waschen, von den Stielansätzen befreien und in Scheiben schneiden. Auberginen mit 1 TL Salz bestreuen und zum Abtropfen auf Küchenpapier legen.

2 Zwiebel und Knoblauch schälen, Knoblauch zerdrücken und Zwiebel würfeln. 2 EL Öl erhitzen und Zwiebel und Knoblauch darin 3–4 Min. unter Rühren anbraten. Hackfleisch zugeben und 6–8 Min. anbraten. Tomatenmark zufügen und mit passierten Tomaten und 50 ml Wasser ablöschen. Ragout mit Kräutern, Salz und Pfeffer würzen.

3 Den Backofen auf 200° vorheizen und eine feuerfeste Form (ca. 20 × 30 cm) mit dem Öl auspinseln. Auberginenscheiben abspülen und trocken tupfen. Restliches Öl erhitzen, die Auberginen darin von beiden Seiten ca. 2 Min. braten, salzen und pfeffern. Kartoffeln in die Form schichten, Hackfleischmischung darauf verteilen. Tomaten und Auberginen dachziegelartig einschichten und die saure Sahne darauf verstreichen. Moussaka mit Parmesan bestreuen und im Backofen (Mitte) 40–50 Min. goldbraun backen. Den Auflauf aus dem Ofen holen, in Stücke schneiden und auf vier Tellern anrichten.

BAUCHSCHMEICHLER-TIPP:

Stuhlgang zu fest: Servieren Sie Rucola, Chinakohl oder Feldsalat als Beilage.
Zu viel Luft im Bauch: Dünsten Sie die Zwiebeln und den Knoblauch gut glasig, ehe Sie diese weiterverarbeiten.

GRIECHISCHER
KLASSIKER

BACKFISCH

mit pikanter Salsa

8 EL Semmelbrösel
4 TL frisch geriebener Parmesan
2 Eier
4 Seelachsfilets (à ca. 160 g; frisch oder TK)
Salz
Pfeffer
4 EL Mehl
200 ml Tomatensaft
2 EL Weißweinessig
1 TL Zucker
½ Glas Kapern mit Sud (ca. 30 g Abtropfgewicht)
3 EL Olivenöl
4 Fleischtomaten
1 kleine Salatgurke
1 gelbe Spitzpaprika
Fett fürs Blech

Für 4 Personen
30 Min. Zubereitung

Nährwert pro Portion:

- ca. 375 kcal
- 41 g Eiweiß
- 7 g Fett
- 35 g Kohlenhydrate

1 Den Backofen auf 250° vorheizen. Semmelbrösel und Parmesan auf einem flachen Teller mischen. Die Eier in einem tiefen Teller verquirlen. Die Fischfilets kalt abspülen, mit Küchenpapier trocken tupfen, mit Salz und Pfeffer würzen und im Mehl wenden.

2 Die Fischfilets zuerst durch das Ei ziehen und anschließend in den Bröseln wenden, dabei die Panade fest andrücken. Das Backblech leicht fetten. Den Fisch darauflegen und im Backofen (Mitte) 12 – 15 Min. backen.

3 Inzwischen für die Salsa Tomatensaft, Essig, Zucker, 1 EL Kapernsud und das Olivenöl sehr gut verrühren und mit Salz und Pfeffer würzen. Tomaten waschen und von den Stielansätzen befreien. Gurke putzen und schälen. Paprikaschote halbieren, von Kerngehäuse und weißen Trennwänden befreien und waschen. Das Gemüse sehr klein würfeln und mit den Kapern in die Salsa geben.

4 Fisch und Salsa auf vier Tellern anrichten und mit einem sommerlichen Blatt- oder Rohkostsalat servieren.

BAUCHSCHMEICHLER-TIPP:

Stuhlgang zu fest: Entscheiden Sie sich als Beilage für eine große Portion Rohkostsalat.
Zu viel Luft im Bauch: Dünsten Sie die Spitzpaprika an, bevor sie in die Salsa kommt.

SCHNELL
UND
EINFACH

ASIA-
CHARME
FÜR DEN DARM

KOKOSFISCH MIT BASILIKUM

250 g Cocktailtomaten
1 Glas Bambussprossen (150 g Abtropfgewicht)
500 g Kabeljaufilets (ohne Haut; frisch oder TK)
2 EL Mehl
Salz
1 TL rosenscharfes Paprikapulver
2 EL Erdnussöl
1 Knoblauchzehe
1 TL rote Currypaste
1 EL Austernsauce
400 g Kokosmilch (aus der Dose)
2 Stängel Basilikum

Für 4 Personen
30 Min. Zubereitung

Nährwert pro Portion:

- ca. 315 kcal
- 25 g Eiweiß
- 20 g Fett
- 8 g Kohlenhydrate

1 Die Cocktailtomaten waschen und halbieren. Bambussprossen abtropfen lassen. Kabeljaufilets kalt abspülen, trocken tupfen und in große Würfel schneiden. Eventuell vorhandene Gräten mit einer Pinzette entfernen.

2 Mehl in einer Schüssel mit 1 TL Salz und Paprikapulver mischen und die Fischstücke darin wenden.

3 Das Erdnussöl in einer großen Pfanne oder im Wok erhitzen und den Fisch darin braten, bis die Fischstücke beginnen an den Rändern braun zu werden.

4 Knoblauch schälen, durch die Knoblauchpresse drücken und mit Currypaste, Austernsauce und Kokosmilch vermischen. Die Mischung über den Fisch gießen und aufkochen.

5 Die Tomaten und die Bambussprossen in den Wok geben und 5 Min. ziehen lassen. Basilikum waschen, die Blätter von den Stielen zupfen und grob schneiden oder zerpflücken. Das Basilikum in den Wok geben und behutsam unterrühren, sodass die Fischstücke nicht auseinanderfallen. Den Kokosfisch auf vier Tellern anrichten und beispielsweise mit Duftreis servieren.

BAUCHSCHMEICHLER-TIPP:

Stuhlgang zu fest: Wählen Sie als Beilage eine große Portion Feld- oder Chinakohlsalat.
Zu viel Luft im Bauch: Geben Sie gehackte geröstete Erdnüsse zum Schluss mit den Cocktailtomaten zum Fisch.

ROTBARSCH MIT AURORASAUCE

800 g Rotbarschfilet (frisch oder TK)
Saft und abgeriebene Schale von 1 Bio-Zitrone
2 Schalotten
20 g Butter
3 EL Weißweinessig
300 – 400 ml Fleischbrühe
1 Lorbeerblatt
2 – 3 Nelken
2 – 3 Wacholderbeeren
1 Msp. frisch geriebene Muskatnuss
100 ml Weißwein oder heller Traubensaft
4 EL Tomatenmark
100 g Sahne
3 Eigelb
bunter Pfeffer aus der Mühle
Salz

Für 4 Personen
15 Min. Zubereitung
40 Min. Garen

Nährwert pro Portion:

- ca. 375 kcal
- 38 g Eiweiß
- 21 g Fett
- 4 g Kohlenhydrate

1 Die Fischfilets kalt abspülen, bei Bedarf entgräten, mit Küchenpapier trocken tupfen und mit Zitronensaft beträufeln. Abgedeckt beiseitestellen.

2 Die Schalotten schälen und grob hacken. In einem großen flachen Topf die Butter schmelzen. Die Schalotten bei schwacher Hitze darin glasig dünsten, dann mit Weißweinessig und Fleischbrühe ablöschen. Lorbeerblatt, Nelken, Wacholder, Muskat und 1 TL Zitronenschale dazugeben. Zuletzt den Fisch hineinlegen und ca. 15 Min. bei schwacher Hitze zugedeckt gar ziehen lassen.

3 Vorsichtig die fertigen Filets aus dem Topf nehmen und auf einer vorgewärmten Platte mit Alufolie bedeckt ruhen lassen. Lorbeerblatt, Nelken und Wacholderbeeren ebenfalls entfernen. Den Fond pürieren.

4 Bei sehr schwacher Hitze den Weißwein oder Traubensaft, den Zitronensaft, das Tomatenmark und die mit der Sahne verquirlten Eigelbe mit einem Schneebesen unter den Fond schlagen, bis eine schaumig-cremige Sauce entstanden ist. Die Aurorasauce mit Pfeffer, Salz und eventuell noch etwas Essig abschmecken.

5 Die Sauce mit den Fischfilets auf vier Tellern anrichten und mit Salzkartoffeln und einem Blattsalat servieren.

BAUCHSCHMEICHLER-TIPP:

Stuhlgang zu fest: Servieren Sie zu diesem Gericht frisches Paprikagemüse anstelle des Blattsalats.

ETWAS
BESONDERES

KABELJAUFILET AUF SAUERKRAUT

4 Kabeljaufilets (frisch oder TK)
1 EL Zitronensaft
Salz, Pfeffer
½ TL gekörnte Gemüsebrühe
250 g Sauerkraut
1 rote Paprikaschote
1 kleine Zwiebel
1 Lorbeerblatt
3 – 4 Gewürznelken
1 EL Öl
2 EL Tomatenmark
½ TL edelsüßes Paprikapulver
½ TL Kümmelsamen
Zucker
100 g Frischkäse
2 EL gehackter Dill
Butter für die Form

Für 4 Personen
25 Min. Zubereitung
40 Min. Garen

Nährwert pro Portion:

- ca. 265 kcal
- 37 g Eiweiß
- 9 g Fett
- 6 g Kohlenhydrate

1 Den Backofen auf 200° vorheizen und eine Auflaufform (ca. 20 × 30 cm) einfetten. Die Fischfilets mit Zitronensaft beträufeln, salzen und pfeffern.

2 125 ml Wasser erhitzen und die Brühe darin auflösen. Das Sauerkraut in einem Sieb abtropfen lassen. Die Paprika vom Kerngehäuse und den weißen Trennwänden befreien, waschen und in kleine Würfel schneiden. Zwiebel schälen, halbieren und ein Lorbeerblatt mit den Gewürznelken auf eine Hälfte stecken. Die andere Hälfte fein würfeln.

3 Das Öl in einer Pfanne erhitzen und darin die Zwiebelwürfel glasig dünsten. Paprikawürfel und Sauerkraut zufügen. Mit Tomatenmark, Paprika, Kümmel und 1 Prise Zucker würzen und mit der Brühe nach und nach aufgießen. Die gespickte Zwiebel zugeben und das Kraut ca. 5 Min. bei mittlerer Hitze zugedeckt leicht köcheln lassen. Anschließend die gespickte Zwiebel entfernen.

4 Den Frischkäse mit dem Dill verrühren und auf den Fischfilets verteilen. Das Sauerkraut in die Form füllen, die Fischfilets daraufsetzen und im Backofen (Mitte) 30 – 40 Min. garen. Dann aus dem Ofen holen, auf vier Tellern anrichten und mit Pellkartoffeln oder Schwarzbrot servieren.

BAUCHSCHMEICHLER-TIPP:

Stuhlgang zu weich: Ersetzen Sie das Sauerkraut durch die glasierten Möhren von Seite 86.
Zu viel Luft im Bauch: Tauschen Sie die Hälfte des Sauerkrauts gegen klein geschnittene Zucchini aus.

GUT FÜR DIE
DARMFLORA

KALAKEITTO – FINNISCHER FISCHEINTOPF

1 kleine Zwiebel
10 Pimentkörner
10 schwarze Pfefferkörner
10 weiße Pfefferkörner
5 kleine mehligkochende Kartoffeln
1 Möhre
250 g TK-Fisch (z. B. Lachsfilet)
Salz
Zucker
200 g Sahne
2 TL Mehl
2 Stängel Dill
4 Stängel Schnittlauch

Für 4 Personen
50 Min. Zubereitung

Nährwert pro Portion:

- ca. 350 kcal
- 15 g Eiweiß
- 25 g Fett
- 17 g Kohlenhydrate

1 In einem Topf 500 ml Wasser zum Kochen bringen. Die Zwiebel schälen, klein würfeln und ins Wasser geben. Pimentkörner sowie weiße und schwarze Pfefferkörner dazugeben. Kartoffeln waschen und schälen. Möhre putzen und schälen. Beides in mundgerechte Stücke schneiden und ebenfalls in den Topf geben. Die gefrorenen Fischfilets in den Suppentopf legen, den Eintopf mit 1 TL Salz und 1 Prise Zucker würzen und bei mittlerer Hitze mit leicht geöffnetem Deckel ca. 20 Min. garen.

2 In einer Tasse Sahne und Mehl glatt rühren, langsam zur Suppe geben und diese weitere 10 Min. bei schwacher Hitze ziehen lassen, sie sollte nicht mehr kochen. Die Suppe mit Salz und Zucker abschmecken.

3 Den Fisch mit einer Gabel zerkleinern. Der Fisch sollte in der Mitte nicht mehr roh sein, sonst noch 5 Min. ziehen lassen, bis er komplett durchgegart ist. Dill und Schnittlauch waschen, trocken schütteln und klein schneiden. Suppe auf vier tiefe Teller verteilen, mit den Kräutern garnieren und mit Roggen- oder Knäckebrot servieren.

BAUCHSCHMEICHLER-TIPP:

Stuhlgang zu weich: Essen Sie anstatt Roggen- oder Knäckebrot Toastbrot zum Eintopf.
Stuhlgang zu fest: Erweitern Sie das Rezept um 1 Zucchino, 1 Fenchelknolle und ½ Knollensellerie. Diese waschen, putzen, bei Bedarf schälen, ebenfalls klein schneiden und im Kalakeitto mitgaren.

ÜBER DEN
TELLERRAND
GESCHAUT

Seelachs IN CURRYSAUCE

750 g Seelachsfilet (frisch oder TK) | 1 EL Zitronensaft | 1 Stück frischer Ingwer (30 g) | 1 Bund Frühlingszwiebeln | 400 g Kokosmilch | 1 TL Currypulver | 100 g Ananasstücke plus 1 EL Saft (aus der Dose) | 1 EL Sojasauce | Salz | Pfeffer | 4 Minzeblätter
Für 4 Personen | 50 Min. Zubereitung

1 Seelachsfilet kalt abspülen, bei Bedarf entgräten, in 4 Stücke schneiden und mit Zitronensaft beträufeln. Den Ingwer schälen und fein hacken. Die Frühlingszwiebeln putzen, waschen und schräg in 1 cm lange Stücke schneiden.

2 Eine Wokpfanne erhitzen und den Ingwer mit den Frühlingszwiebeln darin ohne Fett 1 Min. pfannenrühren.

3 Die Kokosmilch angießen und das Currypulver einrühren. Den Fisch in die Sauce legen und darin in 6 – 8 Min. garen, dann herausnehmen und warm stellen. Die Kokosmilch weitere 5 Min. bei mittlerer Hitze offen einkochen lassen.

4 Ananas in die Sauce geben und diese mit Ananassaft, Curry, Sojasauce, Salz und Pfeffer würzen. Den Fisch auf vier Tellern anrichten, mit Sauce übergießen und mit der Minze garnieren. Dazu passt Naturreis.

Nährwert pro Portion:

ca. 360 kcal	19 g Fett
38 g Eiweiß	9 g Kohlenhydrate

MEDITERRANES RAGOUT

1 große Zwiebel | 2 Knoblauchzehen | 1 EL Olivenöl | Zucker | 1 Dose stückige Tomaten (400 g) | 100 g Oliven ohne Stein | 1–2 EL Kräuter der Provence | Salz | Pfeffer | 600 g gemischtes Fischfilet (Thunfisch, Lachs, Heilbutt, Makrele; frisch oder TK) | 200 g Muschelfleisch (TK oder aus dem Glas) | 2 EL saure Sahne

Für 4 Personen | 45 Min. Zubereitung

1 Zwiebel und Knoblauch schälen und fein würfeln. Das Öl in einem Topf erhitzen, Zwiebel und Knoblauch darin bei mittlerer Hitze glasig dünsten. Mit 1 Prise Zucker glasieren und die Tomaten dazugeben. Die Oliven in Scheiben schneiden, in die köchelnden Tomaten geben und mit den Kräutern, Salz, Pfeffer und Zucker würzen.

2 Die Fischfilets kalt abspülen, mit Küchenpapier trocken tupfen, mit dem Muschelfleisch auf das Tomatenbett legen und 10–15 Min. zugedeckt garen. Anschließend den Fisch vorsichtig mit dem Schaumlöffel herausnehmen und auf eine vorgewärmte Platte legen.

3 Die saure Sahne in den nicht mehr kochenden Tomatenfond rühren, diesen mit Kräutern, Salz und Pfeffer abschmecken und als Sauce zum Fisch servieren.

Nährwert pro Portion:

ca. 410 kcal | 25 g Fett
36 g Eiweiß | 9 g Kohlenhydrate

KARTOFFEL-»RISOTTO«

mit Lachs

1 Schalotte
400 g Zucchini
200 g Blumenkohl
200 g Brokkoli
3 mittelgroße Tomaten
800 g vorwiegend festkochende Kartoffeln
30 g Butter
1 TL Zucker
Salz
Pfeffer
1 Msp. Kurkumapulver
1 Msp. frisch geriebene Muskatnuss
1 Msp. Zimtpulver
800 ml heiße Gemüsebrühe
250 ml Weißwein oder heller Traubensaft
400 g Lachsfilets
4 TL Crème fraîche

Für 4 Personen
1 Std. Zubereitung

Nährwert pro Portion:

- ca. 475 kcal
- 26 g Eiweiß
- 23 g Fett
- 32 g Kohlenhydrate

1 Die Schalotte schälen und fein würfeln. Zucchini waschen, putzen und ebenfalls würfeln. Blumenkohl und Brokkoli waschen und nur die Röschen abtrennen. Tomaten waschen, von den Stielansätzen befreien und würfeln. Die Kartoffeln waschen, schälen und in 1 cm große, gleichmäßige Würfel schneiden.

2 In einem Topf die Butter erhitzen, die Schalotte darin bei mittlerer Hitze farblos anschwitzen und mit dem Zucker glasieren. Kartoffeln zugeben und unter ständigem Rühren anbraten. Salz, Pfeffer, Kurkuma, Muskat und Zimtpulver zugeben. Nach und nach unter Rühren die Brühe und den Weißwein bzw. Saft wie bei einem Risotto angießen, bis nach ca. 15 – 20 Min. die Kartoffeln bissfest sind.

3 Zucchini, Blumenkohl, Brokkoli und Tomaten zugeben. Den Kartoffel-»Risotto« zugedeckt bei schwacher Hitze weitere 3 – 5 Min. ziehen lassen.

4 Lachsfilets kalt abspülen, trocken tupfen, in 2 cm große Stücke schneiden, mit in den Topf geben und den Topfinhalt zugedeckt weitere 5 – 8 Min. ziehen lassen. Den Kartoffel-»Risotto« zum Schluss noch einmal mit Salz, Pfeffer, Muskat und Zimt abschmecken, auf vier Tellern anrichten und mit je 1 TL Crème fraîche getoppt servieren.

BAUCHSCHMEICHLER-TIPP:

Zu viel Luft im Bauch: Verwenden Sie für die Zubereitung TK-Gemüse und entfernen Sie großzügig die Strünke bei Brokkoli und Blumenkohl.

MILD UND
BEKÖMM-
LICH

SCHOLLE FLORENTINER ART

500 g Blattspinat
40 g Butter
3 EL Sahne
Salz
Pfeffer
frisch geriebene Muskatnuss
3 mittelgroße Tomaten
4 Frühlingszwiebeln
4 Schollenfilets
2 EL Zitronensaft
250 ml Milch (1,5 % Fett)
20 g Mehl
100 g frisch geriebener mittelalter Gouda
1 Eigelb
Fett für die Form

Für 4 Personen
50 Min. Zubereitung

Nährwert pro Portion:

- ca. 440 kcal
- 51 g Eiweiß
- 22 g Fett
- 10 g Kohlenhydrate

1 Den Spinat gründlich waschen, verlesen und von den groben Stielen befreien. Reichlich Wasser in einem großen Topf aufkochen und den Spinat darin portionsweise je 1 Min. blanchieren. Mit dem Schaumlöffel aus dem Wasser heben, abtropfen lassen und in eine Schüssel geben.

2 20 g Butter in einem Topf schmelzen, die Sahne einrühren, den Spinat zugeben und mit Salz, Pfeffer und Muskat kräftig würzen. Eine Auflaufform (ca. 20 × 30 cm) fetten und den Spinat einfüllen. Den Backofen auf 200° vorheizen.

3 Die Tomaten waschen, von den Stielansätzen befreien und in dünne Scheiben schneiden. Frühlingszwiebeln putzen, waschen und in feine Ringe schneiden. Die Tomatenscheiben und die Zwiebelringe auf dem Spinat verteilen.

4 Die Schollenfilets kalt abspülen, trocken tupfen, mit Zitronensaft beträufeln, salzen und auf das Gemüse legen. Die Form mit Alufolie abdecken und den Fisch im Backofen (Mitte) ca. 15 Min. garen.

5 Inzwischen die Milch lauwarm erwärmen. Übrige Butter erhitzen, das Mehl darin hellgelb anschwitzen (Bild 1). Die Milch angießen und dabei kräftig mit dem Schneebesen rühren (Bild 2). Die Sauce bei mittlerer Hitze 8 Min. köcheln lassen, dabei immer wieder umrühren. Dann den Gouda einrühren. Den Topf vom Herd nehmen, das Eigelb in die Sauce rühren und diese mit Salz abschmecken. Den Fisch aus dem Ofen nehmen, mit der Sauce übergießen (Bild 3), dann für weitere 8 – 10 Min. offen im Ofen fertig garen, aus dem Ofen holen und servieren (Bild 4).

ITALIENISCHE GAUMEN-FREUDE

1

2

3

4

FORELLEN AUF STREIFENGEMÜSE

400 g Möhren
400 g Staudensellerie
400 g Lauch
1 Stück frischer Ingwer (ca. 3 cm)
1 TL frische Thymianblättchen
4 küchenfertige Forellen oder 4 Lachsforellenfilets mit Haut (à 200 – 250 g)
Salz
frisch gemahlener Pfeffer
1 Bund glatte Petersilie
1 EL Butter
1 EL Zitronensaft
8 EL Gemüsebrühe

Für 4 Personen
50 Min. Zubereitung
30 Min. Garen

Nährwert pro Portion:

- ca. 410 kcal
- 47 g Eiweiß
- 21 g Fett
- 8 g Kohlenhydrate

1 Den Backofen auf 220° vorheizen. Möhren putzen und schälen. Staudensellerie und Lauch putzen und waschen. Möhren, Sellerie und Lauch in dünne Streifen schneiden. Das geht am besten mit einem Julienneschneider. Den Ingwer schälen und sehr klein würfeln oder fein reiben.

2 Gemüsestreifen, Ingwer und Thymian mischen. Forellen bzw. Forellenfilets kalt abspülen, gut trocken tupfen und innen und außen salzen und pfeffern. Die Petersilie waschen und trocken schütteln, Blätter abzupfen und die Fische damit füllen bzw. die Filets damit belegen. Die Butter schmelzen, vom Herd nehmen und den Zitronensaft einrühren.

3 Vier große Stücke Alufolie (10 cm länger als die Fische) mit der Zitronenbutter bepinseln. Das Gemüse mittig auf der Folie verteilen und mit der Brühe beträufeln. Die Forellen(filets) jeweils obenauf legen. Die Alufolien oben und an den Seiten zusammenfalten. Fischpäckchen auf den Rost legen und im Ofen (Mitte) 25 – 30 Min. garen. Jedes Fischpäckchen auf einen Teller legen und servieren.

TIPP:

Statt Forellen können Sie auch andere Portionsfische auf diese Art zubereiten, so z. B. Renken, Makrelen, Saiblinge oder kleine Goldbrassen. Beim Gemüse können Sie je nach Jahreszeit variieren, es muss sich nur in gleichmäßig feine Streifen schneiden lassen können.

BAUCHSCHMEICHLER-TIPP:

Zu viel Luft im Bauch: Streichen Sie den Lauch.

FÜR GÄSTE

FISCHGULASCH

500 g Fischfilets gemischt (Seelachs, Kabeljau, Rotbarsch)
1 EL Zitronensaft
1 Zwiebel
2 rote oder gelbe Paprikaschoten
2 Tomaten
200 g Salatgurke
200 g Zucchini
2 EL Öl
2 EL Tomatenmark
400 ml Gemüsebrühe
Salz
Pfeffer
3 Stängel Petersilie

Für 4 Personen
30 Min. Zubereitung

Nährwert pro Portion:

- ca. 210 kcal
- 25 g Eiweiß
- 8 g Fett
- 8 g Kohlenhydrate

1 Den Fisch kalt abspülen, trocken tupfen, in 2 cm große Würfel schneiden und mit etwas Zitronensaft beträufeln. Die Zwiebel schälen und fein würfeln. Die Paprikaschoten vierteln, von Kerngehäusen und weißen Trennwänden befreien, waschen und in feine Streifen schneiden. Die Tomaten waschen, von den Stielansätzen befreien und in grobe Würfel schneiden. Gurke und Zucchini waschen, putzen und in feine Streifen schneiden.

2 Das Öl in einer Pfanne erhitzen und die Zwiebel darin andünsten. Anschließend Paprika und Tomatenmark zugeben. Mit der Gemüsebrühe auffüllen und 3–5 Min. bei mittlerer Hitze sanft köcheln lassen.

3 Tomaten, Gurke, Zucchini und den Fisch zugeben und weitere 10 Min. bei schwacher Hitze ziehen lassen. Petersilie waschen, trocken schütteln, die Blättchen abzupfen und diese fein hacken. Das Fischgulasch mit Zitronensaft, Salz und Pfeffer abschmecken und zum Schluss die frische Petersilie dazugeben. Das Fischgulasch auf vier Tellern anrichten und mit Vollkornnudeln und Blattsalat servieren.

BAUCHSCHMEICHLER-TIPP:

Stuhlgang zu fest: Tauschen Sie die Salatgurke gegen Brokkoliröschen aus.

ES MUSS
NICHT IMMER
FLEISCH
SEIN

KAFFEE-SAHNE-MUFFINS

2 EL lösliches Kaffeepulver
140 g Dinkelmehl Type 630
140 g Dinkelvollkornmehl
3 TL Backpulver
Salz
120 g brauner Zucker
2 Eier (Größe L)
200 g Schmand
6 EL Öl
50 – 100 ml Milch (1,5 % Fett) bei Bedarf
200 g Sahne
1 Päckchen Vanillezucker
Kakaopulver zum Bestäuben
12 Schoko-Kaffeebohnen
Fett für die Form oder Papierförmchen

Für 12 Stück
20 Min. Zubereitung
20 Min. Backen

Nährwert pro Stück:

- ca. 285 kcal
- 6 g Eiweiß
- 16 g Fett
- 27 g Kohlenhydrate

1 Den Backofen auf 200° vorheizen. Das Kaffeepulver mit 2 EL heißem Wasser verrühren, auflösen und abkühlen lassen. Die Mulden einer Muffinform einfetten oder Papierförmchen in die Mulden setzen.

2 Mehle, Backpulver, 1 Prise Salz und den Zucker in einer Schüssel vermengen. Die Eier in einem Rührbecher leicht verquirlen und Schmand, Öl und den kalten Kaffee einrühren. In die Mitte der Mehlmischung eine Mulde drücken, die Eimischung hineingießen und den Schüsselinhalt nur so lange rühren, bis die Zutaten vermischt sind. Sollte der Teig zu fest sein, noch Milch unterrühren.

3 Den Teig in die Formmulden geben und im Backofen (Mitte) ca. 20 Min. backen, bis die Muffins aufgegangen und goldbraun sind. Sie sollten auf Fingerdruck noch leicht nachgeben. Das Blech aus dem Ofen holen. Die Muffins noch 5 Min. in der Form ruhen lassen, dann herauslösen und auf einem Kuchengitter auskühlen lassen.

4 Die Sahne mit dem Vanillezucker steif schlagen. Den ausgekühlten Muffins mit einem Löffel ein Sahnehäubchen aufsetzen, dieses mit Kakaopulver bestäuben und mit je 1 Schoko-Kaffeebohne dekorieren.

BAUCHSCHMEICHLER-TIPP:

Stuhlgang zu weich: Tauschen Sie das Dinkelvollkornmehl gegen Dinkelmehl Type 630 aus.

SÜSS
VERPACKTER
MUNTER-
MACHER

SCHNEEBÄLLE

5 zimmerwarme Eier
150 g + 2 TL Zucker
5 Päckchen Vanillezucker
abgeriebene Schale von 1 Bio-Zitrone (nach Belieben)
75 g Dinkelmehl Type 630
75 g Dinkelvollkornmehl
1 Msp. Backpulver
400 g Magerquark
125 g Schmand
8 EL Eierlikör (nach Belieben)
200 g Sahne
200 g Kokosraspel zum Wälzen
ca. 20 Papierförmchen mit 7 cm Ø

Für 20 – 22 Stück
45 Min. Zubereitung
20 Min. Backen

Nährwert pro Stück:

- ca. 205 kcal
- 6 g Eiweiß
- 12 g Fett
- 17 g Kohlenhydrate

1 Den Backofen auf 200° vorheizen und ein Backblech mit Backpapier belegen.

2 Die Eier mit den Quirlen des Handrührgeräts gut schaumig schlagen. 150 g Zucker und 1 Päckchen Vanillezucker dabei nach und nach langsam einrieseln lassen. Nach Belieben den Zitronenabrieb dazugeben. Die Mehle und das Backpulver mischen und löffelweise mit dem Schneebesen unter die Eiermasse heben. Den Teig auf dem Blech verteilen und im Ofen (Mitte) in 15 – 20 Min. goldbraun backen. Biskuit auf ein Kuchengitter stürzen, das Backpapier mit Wasser befeuchten (Bild 1) und vorsichtig abziehen. Anschließend den Biskuit vollständig auskühlen lassen.

3 Für die Creme Quark, Schmand, 2 Päckchen Vanillezucker und nach Belieben den Eierlikör in einer großen Schüssel gründlich verrühren. Die Sahne mit dem restlichen Vanillezucker und dem restlichen Zucker steif schlagen und unter die Quarkmasse ziehen.

4 Biskuit in 1 cm große Würfel schneiden und unter die Quark-Sahne-Masse heben (Bild 2). Mit feuchten Händen ca. 60 g schwere Kugeln formen und diese in den Kokosraspeln wälzen (Bild 3). Schneebälle in die Papierförmchen setzen (Bild 4) und servieren.

KLASSIKER
IM BAUCH-SCHMEICHLER-FORMAT

APFELWAFFELN

75 g weiche Butter | 25 g Zucker | Salz | 2 Eier | 150 g Naturjoghurt (3,5 % Fett) | 150 g Weizen- oder Dinkelvollkornmehl | 50 g gemahlene Mandeln, Hasel- oder Walnüsse | ½ TL Backpulver | ca. 150 ml Apfelsaft | 1 säuerlicher Apfel (z. B. Gloster oder Gravensteiner, ca. 150 g) | 2 – 3 Spritzer Zitronensaft | Fett für das Waffeleisen
Für 8 Stück | 45 Min. Zubereitung

1 Butter mit Zucker und 1 Prise Salz schaumig rühren. Die Eier trennen. Die Eigelbe und den Joghurt unter die Buttermasse rühren. Anschließend Mehl, Nüsse und Backpulver mischen und mit so viel Apfelsaft unter die Butter-Ei-Masse rühren, dass ein zähflüssiger Teig entsteht.

2 Den Apfel waschen, vierteln, vom Kerngehäuse befreien, grob raspeln, mit Zitronensaft beträufeln und unter den Teig mischen. Die Eiweiße zu steifem Schnee schlagen und diesen vorischtig unter den Teig heben.

3 Das Waffeleisen vorheizen, mit Fett einpinseln und 3 – 4 EL Teig in die Mitte der unteren Heizplatte des Waffeleisens geben. Das Waffeleisen schließen und in ca. 3 Min. die Waffel goldbraun backen. Fertige Waffel im auf 80° vorgeheizten Backofen warm stellen. Auf diese Weise 7 weitere Waffeln backen und warm servieren.

Nährwert pro Stück:

ca. 225 kcal	14 g Fett
6 g Eiweiß	19 g Kohlenhydrate

APRIKOSENKUCHEN

500 g Aprikosen (oder 2 Dosen Aprikosen à 235 g Abtropfgewicht) | 125 ml Öl | 120 g Zucker | 1 Päckchen Vanillezucker | Salz | Saft von ½ Zitrone | 3 Eier (Größe L) | 300 g Weizenvollkornmehl | 3 TL Backpulver | ½ TL Zimtpulver | 3 – 4 EL Milch (1,5 % Fett) | Puderzucker zum Bestreuen
Für 1 Blech (12 Stücke) | 30 Min. Zubereitung | 40 Min. Backen

1 Den Backofen auf 180° vorheizen. Ein Backblech mit Backpapier belegen. Aprikosen waschen, halbieren und entsteinen. Dosenfrüchte in einem Sieb gut abtropfen lassen. Öl, Zucker, Vanillezucker, 1 Prise Salz und Zitronensaft gut verrühren. Die Eier einzeln nacheinander mit den Quirlen des Handrührgeräts unterrühren.

2 Mehl mit Backpulver und Zimt vermischen. Mehlmischung und Milch löffelweise abwechselnd unter die Öl-Zucker-Mischung rühren, bis ein homogener, luftiger Teig entstanden ist. Diesen auf das Backblech streichen, mit den Aprikosenhälften belegen und im Backofen (Mitte) in 35 – 40 Min. goldbraun backen. Kuchen aus dem Ofen holen, auskühlen lassen und mit Puderzucker bestreut servieren.

BAUCHSCHMEICHLER-TIPP:

Stuhlgang zu fest: Ersetzen Sie Aprikosen durch Birnen oder Äpfel.

Nährwert pro Stück:

ca. 265 kcal	13 g Fett
6 g Eiweiß	31 g Kohlenhydrate

KIRSCHGEWÜRZKUCHEN

350 g Dinkelvollkornmehl
1 Msp. + 1 Päckchen Backpulver
220 g Zucker
1 Päckchen Vanillezucker
Salz
325 g kalte Butter
6 Eier
1 Eigelb nach Bedarf
1 Glas Sauerkirschen (500 g Abtropfgewicht)
125 g gemahlene Mandeln
100 g Zartbitter-Schokoraspel
1 TL Zimtpulver
Fett für die Form
Mehl zum Arbeiten
Puderzucker zum Bestreuen

Für 1 Springform mit 28 cm Ø (12 Stücke)
40 Min. Zubereitung
1 Std. Ruhen
1 Std. 10 Min. Backen

Nährwert pro Stück:

- ca. 565 kcal
- 11 g Eiweiß
- 35 g Fett
- 50 g Kohlenhydrate

1 250 g Mehl, 1 Msp. Backpulver, 70 g Zucker, Vanillezucker und 1 Prise Salz in einer Schüssel mischen. 125 g Butter in Flöckchen und 1 Ei zugeben. Alle Zutaten mit den Händen oder mit den Knethaken des Handrührgeräts zügig zu einem Teig verkneten. Sollte der Teig noch zu trocken sein, noch 1 Eigelb unterkneten. Aus dem Teig eine Kugel formen, in Frischhaltefolie einwickeln und ca. 1 Std. kalt stellen.

2 Den Backofen auf 180° vorheizen. Die Springform gut fetten. Für die Füllung die Kirschen auf einem Sieb abtropfen lassen. Die restlichen Eier trennen. Eiweiße mit 1 Prise Salz zu steifem Schnee schlagen. Restliche Butter mit restlichem Zucker und den Eigelben zu einer weiß-cremigen Masse aufschlagen. Mandeln, restliches Mehl, Schokoraspel, restliches Backpulver und Zimt mischen und unter die Masse rühren. Zum Schluss den Eischnee unterziehen.

3 Den Mürbeteig auf wenig Mehl ca. ½ cm dick ausrollen, einen Kreis in Größe des Springformbodens ausschneiden und in die Form legen. Aus den Teigresten einen Rand formen, an den Boden drücken und eventuell oben mit einem Backrädchen zuschneiden.

4 Die Mandelfüllung einfüllen, die Kirschen darauf verteilen und den Kuchen im Backofen (Mitte) in 60–70 Min. backen, bis bei der Stäbchenprobe kein Teig mehr am Holzstäbchen haften bleibt. Den Kuchen aus dem Ofen holen und in der Form vollständig auskühlen lassen. Erst dann den Kuchen aus der Form lösen, auf eine Tortenplatte setzen und mit Puderzucker bestreut servieren.

SCHMECKT NACH
WEIH-
NACHTEN

QUARKOFENSCHLUPFER mit Himbeermus

4 altbackene Vollkornbrötchen | 250 g Magerquark | Saft und abgeriebene Schale von 1 Bio-Zitrone | 375 g Buttermilch | 2 EL Zucker | 2 Eier | 500 g TK-Himbeeren | 1 EL Puderzucker | 2 EL Orangensaft | Fett für die Form
Für 4 Personen | 30 Min. Zubereitung | 1 Std. Backen

1 Den Backofen auf 200° vorheizen. Die Brötchen in dünne Scheiben schneiden. Eine Auflaufform (ca 20 × 30 cm) fetten. Den Quark mit Zitronensaft und -schale glatt rühren und die Buttermilch mit Zucker und Eiern verquirlen.

2 Brötchenscheiben und Quark abwechselnd in die Form schichten, dabei mit Brötchen beginnen und abschließen.

3 Die Buttermilch-Ei-Mischung auf der oberen Brötchenschicht verteilen und den Ofenschlupfer im Backofen (Mitte) ca. 1 Std. backen, bis er goldbraun ist. Sollte der Ofenschlupfer zu dunkel werden, die Temperatur reduzieren und den Auflauf mit Alufolie abdecken.

4 Inzwischen die Himbeeren in einem Sieb auftauen lassen. Aufgetaute Beeren mit Puderzucker und Orangensaft pürieren. Den fertigen Auflauf aus dem Ofen holen, in Stücke schneiden, auf vier Tellern anrichten und mit dem Himbeermus servieren.

Nährwert pro Portion:

ca. 355 kcal | 6 g Fett
21 g Eiweiß | 50 g Kohlenhydrate

SCHICHTDESSERT griechischer Art

1 EL Honig | 60 g grob gehackte Nüsse (z. B. Mandeln, Walnüsse, Pinienkerne) | 400 g griechischer Joghurt (10 % Fett) | Saft und abgeriebene Schale von ½ Bio-Orange | 2 EL brauner Zucker | 8 Minzeblätter
Für 4 Personen | 15 Min. Zubereitung | 2 Std. Kühlen

1 Den Honig bei schwacher Hitze in einem Topf schmelzen, Nüsse dazugeben und mit dem Honig vermischen.

2 Joghurt, Orangensaft und -schale verrühren und mit Zucker und Nüssen schichtweise in Gläser füllen, dabei mit der Nuss-Honig-Mischung abschließen. Das Dessert ca. 2 Std. kalt stellen, dann mit Minzeblättern garnieren und servieren.

TIPP:

Kombinieren Sie das Dessert auch mal mit Früchten der Saison.

BAUCHSCHMEICHLER-TIPP:

Stuhlgang zu weich: Mahlen Sie die Nüsse ganz fein.

Nährwert pro Portion:

ca. 255 kcal	18 g Fett
7 g Eiweiß	18 g Kohlenhydrate

HIMBEER-HIRSE-TRAUM

auf Quarkcreme

30 g Hirse | 100 ml Apfelsaft | 200 g Himbeeren | 1 TL + 1 EL Zucker | 50 g Naturjoghurt (3,5 % Fett) | 100 g Magerquark | 20 ml Milch | ausgekratztes Mark von 1 Vanilleschote | 1 EL Zitronensaft | 50 g Sahne | 5 g Zartbitter-Kuvertüre
Für 4 Personen | 1 Std. 15 Min. Zubereitung

1 Die Hirse in einem Topf mit dem Apfelsaft aufkochen und bei schwacher Hitze ca. 30 Min. quellen lassen. Bei Bedarf Wasser nachgießen. Die gegarte Hirse abkühlen lassen. Beeren verlesen und 4 Beeren für die Dekoration beiseitelegen. Die restlichen Himbeeren mit 1 TL Zucker in einen Topf geben und in 2 – 3 Min. bei mittlerer Hitze zu Kompott dünsten.

2 Joghurt, Quark und Milch miteinander glatt rühren und mit restlichem Zucker, Vanille und Zitronensaft abschmecken. Die Sahne steif schlagen und vorsichtig unter die Quarkmasse heben.

3 Hirse, Himbeeren und Quarkcreme nacheinander in vier Gläser schichten, dabei mit Quarkcreme abschließen. Die Kuvertüre fein hacken. Die Desserts mit je 1 Himbeere und etwas Kuvertüre dekorieren und servieren.

Nährwert pro Portion:

ca. 150 kcal	6 g Fett
6 g Eiweiß	18 g Kohlenhydrate

BROMBEER-
Zitronen-Creme

4 Blatt Gelatine | 100 g Brombeeren | 100 g saure Sahne | Saft und abgeriebene Schale von ½ Bio-Zitrone | 50 g Zucker | 200 g Sahne | 4 Minzeblätter
Für 4 Personen | 20 Min. Zubereitung | 1 Std. Kühlen

1 Gelatine nach Packungsangabe einweichen. Die Beeren pürieren und durch ein feines Sieb streichen. Die saure Sahne mit Zitronenschale und Zucker glatt rühren. Den Zitronensaft erwärmen und die eingeweichte Gelatine darin auflösen.

2 In die aufgelöste Gelatine 2 EL saure Sahne geben und verrühren. Dann die Gelatinemasse in die restliche saure Sahne einrühren. Die Sahne nicht zu steif schlagen.

3 Die Sahne und die pürierten Beeren leicht unter den Sauerrahm heben, sodass noch Streifen der einzelnen Komponenten sichtbar sind. Die Creme in Gläser füllen und ca. 1 Std. kalt stellen. Vor dem Servieren mit Minze garnieren.

BAUCHSCHMEICHLER-TIPP:
Stuhlgang zu weich: Ersetzen Sie die Hälfte der Beeren durch Banane.
Stuhlgang zu fest: Tauschen Sie die saure Sahne durch Joghurt aus.

Nährwert pro Portion:

ca. 275 kcal	21 g Fett
4 g Eiweiß	17 g Kohlenhydrate

GEEISTER COUCOUS mit Heidelbeersauce

1 Vanilleschote | 150 ml Milch (1,5 % Fett) | 30 g Honig | 60 g Couscous | 200 g Sahne | 300 g Heidelbeeren | 5 EL roter Saft (z. B. Heidelbeer-, Johannisbeer- oder roter Traubensaft) | 2 EL Zucker | 1 EL Vanillezucker | 1 EL Speisestärke
Für 4 Personen | 20 Min. Zubereitung | 4 Std. Gefrieren

1 Die Vanilleschote längs aufschlitzen und das Mark herauskratzen. Mark und Schote mit Milch und Honig in einem kleinen Topf aufkochen, den Couscous einrühren und die Mischung abkühlen lassen.

2 Die Sahne steif schlagen, unter die abgekühlte Masse heben, in vier frostfeste Förmchen füllen und 4 Std. tiefkühlen.

3 Kurz vor Ende der Gefrierzeit die Beeren waschen und mit Saft, Zucker und Vanillezucker in einem Topf kurz aufkochen, dann durch ein feines Sieb in einen Topf streichen und erhitzen. Die Stärke mit 3 EL kaltem Wasser anrühren, in die Sauce einrühren und aufkochen lassen, bis diese bindet. Den geeisten Couscous auf Teller stürzen und mit der Sauce servieren.

Nährwert pro Portion:

ca. 345 kcal	17 g Fett
5 g Eiweiß	42 g Kohlenhydrate

FROZEN JOGHURT

1 Stängel Zitronenmelisse | 1 EL Puderzucker | Saft von ½ Zitrone | 150 g TK-Himbeeren | 150 g gut gekühlter Naturjoghurt (3,5 % Fett)
Für 1 Person | 10 Min. Zubereitung

1 Zitronenmelisse waschen, trocken schütteln, die Blättchen abzupfen und einige davon zum Garnieren beiseitelegen. Restliche Zitronenmelisseblättchen fein hacken.

2 Gehackte Zitronenmelisse mit Puderzucker, Zitronensaft, gefrorenen Himbeeren und dem Joghurt in einen hohen Rührbecher geben und mit dem Stabmixer pürieren. Den Frozen Joghurt in ein Dessertschälchen geben, mit Melisseblättchen garnieren und sofort servieren.

BAUCHSCHMEICHLER-TIPP:

Stuhlgang zu fest: Erhöhen Sie die Fruchtmenge oder ersetzen Sie die Hälfte der Fruchtmasse durch Birnenstückchen.

Nährwert pro Portion:

ca. 200 kcal	7 g Fett
7 g Eiweiß	29 g Kohlenhydrate

GEMÜSEPASTETE MIT KRÄUTERJOGHURT

250 g Weizenvollkornmehl
80 g kalte Butter
200 g Magerquark
Salz
½ Blumenkohl (ca. 350 g)
400 g Brokkoli
5 – 6 Möhren
500 ml Gemüsebrühe
150 g frisch geriebener Edamer
Pfeffer
1 Ei
2 EL Milch
50 g Kresse
250 g Naturjoghurt
4 EL Schnittlauchröllchen
1 TL mttelscharfer Senf
Worcestersauce
Mehl zum Arbeiten

Für 6 Personen
1 Std. Zubereitung
40 Min. Backen

Nährwert pro Portion:

- ca. 405 kcal
- 23 g Eiweiß
- 19 g Fett
- 34 g Kohlenhydrate

1 Mehl, die Butter in Flöckchen, den Quark und ½ TL Salz rasch mit den Knethaken des Handrührgeräts miteinander verkneten. Den Teig zu einer Kugel formen, in Frischhaltefolie wickeln und mindestens 30 Min. kühlen.

2 Blumenkohl und Brokkoli waschen, putzen und in sehr kleine Röschen teilen. Möhren putzen, schälen und sehr klein würfeln. Die Brühe zum Kochen bringen und das Gemüse nacheinander je ca. 5 Min. darin garen, dann mit einem Schaumlöffel herausheben und getrennt beiseitestellen. Käse fein reiben. Den Teig in 2 Portionen teilen. Eine Teigportion auf bemehlter Arbeitsfläche zu einem Rechteck von ca. 16 × 24 cm (Boden) ausrollen, die andere zu einem Rechteck von ca. 18 × 26 cm (Deckel). Backofen auf 180° vorheizen. Das Ei trennen. Ein Backblech mit Backpapier belegen und den Teigboden darauflegen.

3 Auf den Boden nacheinander ein Viertel des Käses, Möhren, ein Viertel des Käses, Blumenkohl, ein Viertel des Käses, Brokkoli sowie den restlichen Käse schichten, salzen und pfeffern. Ei trennen. Den Rand des Bodens mit Eiweiß bestreichen, Teigdeckel auf die Füllung legen, am Rand festdrücken und mehrmals mit einer Gabel einstechen. Eigelb mit der Milch verquirlen und die Pastete damit bestreichen. Diese im Ofen (Mitte) in 30 – 40 Min. goldbraun backen. Pastete aus dem Ofen holen, 5 Min. abkühlen lassen.

4 Kresse vom Beet schneiden. Joghurt mit Kresse, Schnittlauch, Senf und 1 Spritzer Worcestersauce verrühren und mit Salz und Pfeffer abschmecken. Pastete in Stücke schneiden und mit der Joghurtsauce servieren.

VEGETARISCH

KRÄUTER-
WÜRZIG

PIKANTER KÄSEKUCHEN

200 g Dinkelvollkornmehl
100 g frisch geriebener Edamer (ersatzweise Bergkäse)
150 g saure Sahne (10 % Fett)
1 TL Rapsöl
Salz
1 Bund Frühlingszwiebeln
1 Bund Schnittlauch
1 Bund glatte Petersilie
500 g Magerquark
200 g Ricotta
3 Eier
Pfeffer
Fett für die Form
Mehl zum Arbeiten

Für 1 Springform mit 26 cm Ø (12 Stücke)
45 Min. Zubereitung
1 Std. Backen

Nährwert pro Stück:

- ca. 195 kcal
- 15 g Eiweiß
- 9 g Fett
- 13 g Kohlenhydrate

1 Die Springform fetten. Mehl, 50 g Edamer, saure Sahne, Öl und 1 Prise Salz rasch mit den Händen zu einem glatten Teig verkneten. Den Teig auf bemehlter Arbeitsfläche zu einem Kreis ausrollen, der etwas größer ist als der Durchmesser der Springform. Die Form mit dem Teig auskleiden, sodass dieser an den Seiten einen etwa 2 cm hohen Rand bildet, und kalt stellen.

2 Den Backofen auf 180° vorheizen. Frühlingszwiebeln putzen, waschen, in feine Ringe schneiden und in einer beschichteten Pfanne ohne Fett 2 Min. anbraten.

3 Schnittlauch und Petersilie waschen und trocken schütteln. Schnittlauch in Röllchen schneiden. Petersilienblätter von den Stielen zupfen und hacken. Quark, Ricotta und Eier verrühren. Frühlingszwiebeln, Schnittlauch, Petersilie sowie den restlichen Käse untermischen und die Masse mit Salz und Pfeffer abschmecken.

4 Quarkmasse auf dem Teig verteilen und den Käsekuchen im Backofen (Mitte) ca. 1 Std. backen. Den fertigen Kuchen aus dem Ofen holen, 10 Min. ruhen lassen, dann aus der Form lösen, in Stücke schneiden und beispielsweise mit einem frischen Tomatensalat servieren.

BAUCHSCHMEICHLER-TIPP:

Zu viel Luft im Bauch: Reduzieren Sie die Schnittlauchmenge stark oder lassen Sie den Schnittlauch weg.

ITALIENISCHES OFENGEMÜSE

1 Fenchelknolle
1 rote Paprikaschote
1 orange Paprikaschote
2 Möhren
2 rote Zwiebeln
3 EL Olivenöl
Salz
Pfeffer
2 Stängel Basilikum
2 Stängel Oregano
4 EL Aceto balsamico

Für 4 Personen
25 Min. Zubereitung
25 Min. Garen

Nährwert pro Portion:

- ca. 130 kcal
- 2 g Eiweiß
- 8 g Fett
- 10 g Kohlenhydrate

1 Den Backofen auf 200° vorheizen. Fenchel waschen, putzen, halbieren und den Strunk herausschneiden. Fenchelgrün beiseitelegen. Paprikaschoten vierteln, von Kerngehäusen und weißen Trennwänden befreien und waschen. Möhren schälen, putzen und in ½ cm dicke Scheiben schneiden. Zwiebeln schälen und in Spalten schneiden.

2 Fenchel, Paprika, Möhren und Zwiebeln in einer Schüssel mit dem Olivenöl mischen und mit Salz und Pfeffer würzen. Das Gemüse locker auf ein Backblech geben, es sollte möglichst nicht übereinanderliegen, und im Backofen (Mitte) ca. 25 Min. garen, dabei ein- bis zweimal wenden.

3 Während das Gemüse im Ofen gart, Fenchelgrün, Basilikum und Oregano waschen und trocken schütteln. Die Blättchen abzupfen und fein schneiden.

4 Das Gemüse 5 Min. vor dem Ende der Garzeit mit Aceto balsamico beträufeln. Das fertige Ofengemüse aus dem Ofen nehmen, kurz abkühlen lassen, mit den Kräutern bestreuen und am besten lauwarm servieren.

BAUCHSCHMEICHLER-TIPP:

Stuhlgang zu fest: Als Ballaststoffvariation können Sie mit dem Gemüse noch zusätzlich 1 – 2 EL weiße Bohnen (aus der Dose) mitgaren.

NÄHRSTOFF-
REICHER
FARBTUPFER

WARMER KÜRBISSALAT

mit Kichererbsen und Joghurt

125 g getrocknete Kichererbsen
je 1 braune und rote Zwiebel
2 Knoblauchzehen
1 großer Butternut-Kürbis (ca. 800 g)
4 EL Olivenöl
½ TL Pimentpulver
Salz
Pfeffer
1 TL ungeschälte Sesamsamen
3 EL Tahini-Paste
150 g Ayran
3 EL Zitronensaft
½ Bund Minze

Für 4 Personen
45 Min. Zubereitung
1 Std. 40 Min. Garen
8 Std. Einweichen

Nährwert pro Portion:

- ca. 330 kcal
- 10 g Eiweiß
- 20 g Fett
- 25 g Kohlenhydrate

1 Getrocknete Kichererbsen über Nacht in reichlich kaltem Wasser einweichen. Am nächsten Tag die Kichererbsen abgießen, in einem Topf mit frischem Wasser bedecken und zum Kochen bringen. Die braune Zwiebel und 1 Knoblauchzehe schälen, zu den Kichererbsen geben und den Topfinhalt bei mittlerer Hitze zugedeckt etwa 1 Std. 10 Min. garen.

2 Inzwischen den Backofen auf 220° vorheizen. Den Kürbis halbieren, entkernen, in Spalten schneiden, schälen und das Fruchtfleisch in 2 cm große Würfel schneiden. Restlichen Knoblauch schälen und zerdrücken. Kürbiswürfel mit 2 EL Olivenöl, Piment und Knoblauch mischen, salzen und pfeffern. Kürbismischung auf einem Backblech verteilen und im Backofen (Mitte) 20 – 30 Min. garen.

3 Sesam in einer Pfanne ohne Fett bei mittlerer Hitze hellbraun rösten. Tahini-Paste, Ayran, restliches Olivenöl und Zitronensaft verrühren. Die Sauce vorsichtig mit Salz und Pfeffer abschmecken.

4 Die rote Zwiebel schälen und in sehr feine Streifen schneiden. Minze waschen, trocken schütteln, Blätter abzupfen, grob hacken und mit den Zwiebelstreifen mischen. Kichererbsen abgießen und gut abtropfen lassen. Kürbis, Kichererbsen und Zwiebel-Minze-Mischung vermengen, mit Salz und Pfeffer abschmecken. Den Salat auf vier Teller verteilen, mit der Sauce umgießen und mit Sesam bestreut servieren. Dazu passen wunderbar Brötchen vom Vortag, die kurz aufgebacken und warm dazu gegessen werden.

EXTRA-
PORTION
EIWEISS

GRIECHISCHER KARTOFFELSALAT

500 g vorwiegend festkochende Kartoffeln
Salz
4 EL heller Traubensaft
2 – 3 EL Rotweinessig
1 EL Agavendicksaft
5 EL Olivenöl
4 getrocknete Tomaten in Öl
½ Stängel Minze
4 Stängel Petersilie
1 rote Zwiebel
Pfeffer
je 1 rote und weiße Spitzpaprikaschote
2 – 4 EL Kalamata-Oliven
3 EL Pekannusskerne
1 Stängel Basilikum

Für 4 Personen
50 Min. Zubereitung

Nährwert pro Portion:

- ca. 440 kcal
- 4 g Eiweiß
- 34 g Fett
- 28 g Kohlenhydrate

1 Die Kartoffeln waschen, in einen Topf geben, fingerbreit Wasser und etwas Salz dazugeben. Den Topfinhalt aufkochen und die Kartoffeln in 20 – 25 Min. bei mittlerer Hitze zugedeckt garen. Dann die Kartoffeln abgießen und in kaltem Wasser abschrecken.

2 Aus Traubensaft, Essig, Agavendicksaft und Olivenöl eine Vinaigrette rühren. Getrocknete Tomaten abtropfen lassen und hacken. Minze und Petersilie waschen, trocken schütteln, Blätter abzupfen und fein hacken. Rote Zwiebel schälen, halbieren und in feine Spalten schneiden. Tomaten, Minze, Petersilie und Zwiebel mit der Vinaigrette mischen und diese mit Salz und Pfeffer würzen.

3 Die Paprikaschoten halbieren, von Kerngehäusen und weißen Trennwänden befreien, waschen und in dünne Streifen schneiden. Die Oliven abtropfen lassen und die Pekannüsse grob hacken.

4 Kartoffeln pellen und in dünne Scheiben schneiden. Kartoffelscheiben auf einer Platte mit Paprika und Oliven anrichten. Die Vinaigrette darüber verteilen. Die Basilikumblätter vom Stiel zupfen, trocken abreiben und mit den Pekannüssen kurz vor dem Servieren auf den Salat streuen.

GUT
VORZUBEREITEN

ZUCCHINI-CARPACCIO

4 Zucchini | 4 – 6 EL Zitronen-Olivenöl | Fleur de Sel | Pfeffer | ca. 120 g Parmesan | 12 Basilikum- oder Minzeblätter
Für 4 Personen | 15 Min. Zubereitung

1 Die Zucchini waschen, putzen, mit dem Sparschäler in hauchfeine Scheiben schneiden und diese auf einer großen Platte dachziegelartig überlappend anrichten. Zucchinischeiben mit Zitronen-Olivenöl beträufeln, bis diese gut durchtränkt sind. Das Carpaccio mit 1 Prise Fleur de Sel und Pfeffer würzen und ca. 10 Min. im Kühlschrank marinieren lassen.

2 Vor dem Servieren den Parmesan mit dem Sparschäler grob raspeln und zusammen mit Basilikum oder Minze auf die Zucchinischeiben streuen.

BAUCHSCHMEICHLER-TIPP:

Stuhlgang zu fest: Dann sollten Sie die wasserreichen Zucchini mit einem hohen Anteil Fenchel oder Möhren kombinieren und die Marinierzeit auf 45 Min. erhöhen.

Nährwert pro Portion:

ca. 270 kcal | 23 g Fett
13 g Eiweiß | 3 g Kohlenhydrate

SALAT TOSKANA

200 g festkochende Kartoffeln | 4 Scheiben Vollkornbrot (nicht zu dünn) | 2 EL Öl | 300 g Cocktailtomaten | 1 rote Zwiebel | ½ Bund Basilikum | 2 EL Weißweinessig | 5 EL Olivenöl | Salz | Pfeffer | 6 Basilikumblätter

Für 4 Personen | 45 Min. Zubereitung

1 Fingerbreit Wasser in einen Topf geben, aufkochen, die Kartoffeln dazugeben und anschließend bei mittlerer Hitze zugedeckt in ca. 25 Min. weich garen.

2 Inzwischen das Brot in 1 – 2 cm große Würfel schneiden. Das Öl in einer Pfanne erhitzen und die Brotwürfel darin goldbraun braten, herausnehmen und auf Küchenpapier abtropfen lassen.

3 Tomaten waschen und bei Bedarf halbieren. Zwiebel schälen, halbieren und in feine Halbringe schneiden. Kartoffeln abgießen, kalt abschrecken, pellen und würfeln.

4 Essig, Öl, Salz und Pfeffer verrühren und mit Tomaten, Zwiebel und Kartoffeln mischen. Zum Schluss die Brotwürfel unterheben und den Salat mit Basilikumblättchen garniert servieren.

Nährwert pro Portion:

ca. 305 kcal	18 g Fett
5 g Eiweiß	29 g Kohlenhydrate

GRÜNES MINZPÜREE

auf Radieschen-Couscous

120 g Couscous
230 ml Gemüsebrühe
350 g TK-Erbsen
1 Schalotte
180 g Salatgurke
1 Bund Radieschen (ca. 12 Stück)
1 Bund Dill (ca. 20 g)
2 Zitronen
4 Stängel Minze
Salz
grob gemahlener Pfeffer
3 EL griechischer Joghurt (10 % Fett)
Garnierring mit 7 cm Ø

Für 4 Personen
40 Min. Zubereitung

Nährwert pro Portion:

- ca. 220 kcal
- 11 g Eiweiß
- 2 g Fett
- 36 g Kohlenhydrate

1 Couscous in eine Schale geben, die Gemüsebrühe aufkochen, über den Coucous gießen, umrühren und den Couscous zugedeckt 5 – 8 Min. quellen lassen.

2 Erbsen in warmem Wasser langsam auftauen lassen. Schalotte schälen und sehr fein würfeln. Gurke schälen, längs halbieren, mit einem Löffel die Kerne entfernen und das Fruchtfleisch ebenfalls in feinste Würfel schneiden. Radieschen waschen und putzen, 4 Radieschen fein würfeln, den Rest in dünne Scheiben schneiden. Den Dill waschen, trocken schütteln, die Spitzen abzupfen und fein hacken. Die Zitronen auspressen. Die Minze waschen, trocken schütteln und die Blättchen abzupfen.

3 Couscous mit einer Gabel auflockern und mit den Schalotten-, Gurken- und Radieschenwürfeln vermengen. 2 EL gehackten Dill unterheben und den Couscous mit Salz, Pfeffer und 3 – 4 EL Zitronensaft würzen. Joghurt einrühren und den Salat 10 – 15 Min. durchziehen lassen.

4 6 EL Erbsen beiseitestellen. Die restlichen Erbsen mit 4 EL Zitronensaft, der Minze und Salz in einen Mixer geben, fein pürieren und mit Zitronensaft abschmecken.

5 Garnierring mit Couscous zu gut zwei Dritteln füllen. Dann pro Portion 2 bis 3 Esslöffel Erbsenpüree daraufgeben. Den Inhalt andrücken und den Garnierring abziehen. Türmchen mit Radieschenscheiben belegen. Noch 1 TL Erbsenpüree obenauf setzen und das Türmchen mit Erbsen und restlichem Dill garnieren.

Sollten Sie keinen Garnierring besitzen, können Sie alles auch in Gläsern sehr dekorativ anrichten. Wenn Sie kleine Schraubgläser verwenden, ist der Salat gleich perfekt zum Mitnehmen verpackt.

RINDFLEISCHSALAT

200 g gebratenes kaltes Roastbeef (evtl. Reste vom Roastbeef auf Seite 104) | 1 rote Paprikaschote | 100 g Gewürzgurken | 70 g Maiskörner (aus der Dose) | 1 kleine Zwiebel | 50 ml Weißweinessig | 1 TL Salz | 1 TL Zucker | 1 TL mittelscharfer Senf | 1 EL Öl | 1 EL gehackte Kräuter (Petersilie, Schnittlauch) | 1/4 Beet Kresse
Für 4 Personen | 30 Min. Zubereitung | mind. 4 Std. Marinieren

1 Das Roastbeef in feine Streifen schneiden. Die Paprika halbieren, von Kerngehäuse und weißen Trennwänden befreien und waschen. Die Paprika und die Gewürzgurken in feine Streifen schneiden. Den Mais in ein Sieb gießen, kurz unter kaltem Wasser abspülen und abtropfen lassen. Die Zwiebel schälen und in feine Ringe schneiden.

2 Weißweinessig, 100 ml Wasser, Salz, Zucker, Senf, Öl und Kräuter in einer Salatschüssel zu einer Marinade verquirlen.

3 Roastbeef, Paprika, Gewürzgurken, Mais und Zwiebel mit der Marinade gut mischen und vor dem Servieren mindestens 4 Std. ziehen lassen. Unsere Dinkelbrötchen von Seite 53 oder die Kartoffelbrötchen von Seite 54 schmecken hervorragend dazu.

Nährwert pro Portion:

ca. 140 kcal	5 g Fett
13 g Eiweiß	9 g Kohlenhydrate

Couscous mit MARINIERTEM MOZZARELLA

2 EL Pinienkerne | 250 g Mozzarella | 5 EL Olivenöl | 2 EL gemischte, gehackte Kräuter (z. B. Basilikum, Oregano, Thymian) | 200 g Cocktailtomaten | 3 gelbe Paprikaschoten | 250 g Couscous | 250 ml heiße Gemüsebrühe | Salz | Pfeffer | 3 EL glatte, gehackte Petersilie
Für 4 Personen | 20 Min. Zubereitung

1 Pinienkerne in einer beschichteten Pfanne ohne Fett bei mittlerer Hitze goldbraun rösten. Mozzarella abtropfen lassen, in kleine Würfel schneiden und mit 3 EL Öl und Kräutern vermischen.

2 Die Tomaten waschen. Die Paprikaschoten halbieren, von Kerngehäusen und weißen Trennwänden befreien, waschen und in grobe Würfel schneiden.

3 Den Couscous in einer Schüssel mit heißer Brühe übergießen und ca. 5 Min. quellen lassen. In einer Pfanne das restliche Öl erhitzen und Paprikaschoten und Tomaten darin anbraten, bis die Tomaten leicht aufplatzen. Paprika und Tomaten mit Salz und Pfeffer würzen, dann mit dem Couscous und der Petersilie vermischen.

4 Den Couscous mittig auf vier Tellern anrichten. Den marinierten Mozzarella darum herum verteilen. Das Gericht mit Pinienkernen bestreuen und servieren.

Nährwert pro Portion:

ca. 570 kcal	28 g Fett
22 g Eiweiß	56 g Kohlenhydrate

MILCHSAUER EINGELEGTES GEMÜSEALLERLEI

350 g gelbe Paprikaschoten
300 g rote Paprikaschoten
300 g Zucchini
250 g feste Tomaten
1 Schalotte
2 – 3 Dillblüten oder
2 Stängel Dill
1 TL Pfefferkörner
1 TL Senfkörner
40 g Meersalz

Für 1 – 2 Schraubgläser (à mind. 500 ml Fassungsvermögen)
30 Min. Zubereitung

Nährwert insgesamt:

- ca. 190 kcal
- 12 g Eiweiß
- 3 g Fett
- 27 g Kohlenhydrate

1 Die Schraubgläser samt Deckel in einem Topf mit Wasser bedecken. Das Wasser zum Kochen bringen und Gläser und Deckel darin ca. 10 Min. bei mittlerer Hitze kochen lassen, dann vorsichtig mit einem Kochlöffelstiel aus dem Wasser heben und auf einem sauberen Geschirrtuch mit den Öffnungen nach unten abtropfen lassen.

2 Paprikaschoten halbieren, von Kerngehäusen und weißen Trennwänden befreien, waschen und in 1 cm breite Streifen schneiden. Zucchini waschen, putzen und in Scheiben schneiden. Die Tomaten waschen, von den Stielansätzen befreien und vierteln. Schalotte schälen und würfeln.

3 Gemüse abwechselnd in die Gläser schichten und Dill, Pfeffer- und Senfkörner dazwischen verteilen. Die Gläser nur bis 6 cm unter den Rand füllen.

4 1,2 l Wasser mit dem Meersalz aufkochen und über das Gemüse gießen, bis es bedeckt ist, übriges Salzwasser wegschütten. Gläser gut verschließen und ca. 1 Woche bei Zimmertemperatur und unbedingt dunkel stehen lassen. Anschließend die Gläser für 3 Wochen kühl stellen. In der Kühlschranktür herrscht die richtige Temperatur. Das Gemüse ist eine wunderbare Beilage oder Vorspeise. Verschlossen hält sich das eingelegte Gemüse bis zu 1 Jahr.

TIPP:

»Verdunkeln« können Sie die Gläser, indem Sie ein Frotteehandtuch darüberlegen.

OMAS
GRUND-
REZEPT

MÖHREN-APFEL-AUFSTRICH

200 g Möhren | ½ säuerlicher Apfel | 1 EL Zitronensaft | 100 g Quark | 2 EL saure Sahne | ½ Bund glatte Petersilie | Salz | Pfeffer
Für 4 Personen | 25 Min. Zubereitung

1 Die Möhren putzen, schälen und sehr fein reiben. Den Apfel ebenfalls schälen, vom Kerngehäuse befreien und reiben. Die Apfelraspel sofort mit Zitronensaft beträufeln.

2 Quark und saure Sahne glatt rühren und Möhren- sowie Apfelraspel unterziehen.

3 Die Petersilie waschen, trocken tupfen, die Blättchen abzupfen, diese fein hacken und unter die Quarkmasse heben. Creme mit Salz und Pfeffer abschmecken und als Dip oder Aufstrich servieren.

BAUCHSCHMEICHLER-TIPP:

Zu viel Luft im Bauch: Ersetzen Sie den Apfel durch Fenchelraspel.

Nährwert pro Portion:

ca. 60 kcal | 2 g Fett
4 g Eiweiß | 5 g Kohlenhydrate

AVOCADO-DIP

1 Knoblauchzehe | 1 grüne Chilischote | 2 Tomaten | 2 reife Avocados | Salz | Pfeffer | ½ TL Zitronensaft
Für 4 Personen | 15 Min. Zubereitung

1 Den Knoblauch schälen und fein hacken. Die Chili waschen, längs halbieren, entkernen und ebenfalls fein hacken.

2 Die Tomaten kreuzweise einschneiden, in einer Schüssel mit kochendem Wasser überbrühen und 2 Min. stehen lassen. Tomaten abgießen, kalt abschrecken, häuten, vierteln, von Stielansätzen und Kernen befreien und in sehr kleine Würfel schneiden.

3 Die Avocados halbieren, den Kern entfernen, das Fruchtfleisch mit einem Löffel aus der Schale heben.

4 Avocadofruchtfleisch in einer Schüssel mit einer Gabel zerdrücken. Das Avocadomus mit dem Knoblauch, der Chili und den Tomaten mischen und mit Salz, Pfeffer und Zitronensaft abschmecken. Der Dip schmeckt zu Gemüsestiften und Brot.

BAUCHSCHMEICHLER-TIPP:

Stuhlgang zu fest: Verzehren Sie diesen Dip zu Kohlrabi- und Möhrensticks.
Zu viel Luft im Bauch: Ziehen Sie unter den Dip 2 EL Schmand und ersetzen Sie die Chilischote durch 1 Prise Chilipulver und den Knoblauch durch 1 Msp. Knoblauchpulver.

Nährwert pro Portion:

ca. 185 kcal	19 g Fett
2 g Eiweiß	2 g Kohlenhydrate

LINSENCREME MIT PAPRIKA

1 Knoblauchzehe
½ Zwiebel
150 g rote Linsen
2 Lorbeerblätter
4 Nelken
½ rote Spitzpaprikaschote
½ rote Chilischote
12 große Basilikumblätter
2 EL Olivenöl
3 EL Joghurt
Zitronensaft
½ TL Honig
Salz

Für 4 Personen
20 Min. Zubereitung

Nährwert pro Portion:

- ca. 200 kcal
- 11 g Eiweiß
- 6 g Fett
- 25 g Kohlenhydrate

1 Den Knoblauch schälen und grob in Stücke schneiden. Die Zwiebelhälfte schälen. Die Linsen in einem Sieb gut unter fließendem Wasser spülen und anschließend mit dem Knoblauch in einen Topf geben. Die Lorbeerblätter mit den Nelken auf der Zwiebel feststecken und zu den Linsen geben. Diese mit Wasser bedecken, aufkochen und zugedeckt bei schwacher Hitze in 10 – 15 Min. weich kochen, dabei immer wieder die Flüssigkeit kontrollieren und umrühren.

2 Inzwischen die Paprika und Chilischote halbieren, von Kerngehäusen und weißen Trennwänden befreien und waschen. Dann beides zusammen so fein wie möglich hacken. Basilikumblätter waschen, trocken tupfen und fein hacken.

3 Die Zwiebel aus den Linsen entfernen und diese auskühlen lassen. Erkaltete Linsen mit dem Öl und dem Joghurt in einen hohen Rührbecher geben und mit dem Stabmixer pürieren. Paprika, Basilikum und Chili untermischen und die Creme mit Zitronensaft, Honig und Salz abschmecken. Die Linsencreme schmeckt als Dip zu Gemüsesticks oder als Aufstrich auf Toast oder Brot.

BAUCHSCHMEICHLER-TIPP:

Stuhlgang zu fest: Essen Sie die Creme als Dip für Kohlrabi- oder Paprika-Sticks.

250
NÄHRSTOFFE
AUFS BROT!

TOFU-KRÄUTER-AUFSTRICH

100 ml Aceto balsamico | 50 ml Gemüsebrühe | 1 Knoblauchzehe | 2 Schalotten | 1 TL Pfefferkörner | 1 TL Senfkörner | 150 g Räuchertofu | 2 EL Joghurt | 1 Stängel Basilikum | ½ Bund Schnittlauch | 3 große Radieschen | Salz | Zucker | Pfeffer | 1 TL Zitronensaft
Für 4 Personen | 30 Min. Zubereitung | 12 Std. Marinieren

1 Aceto balsamico und die Gemüsebrühe in eine Schüssel geben. Knoblauch und Schalotten schälen und würfeln. Pfefferkörner im Mörser zerdrücken und mit den Senfkörnern zum Essiggemisch geben. Den Tofu klein würfeln, dazugeben. Die Zutaten über Nacht gut durchziehen lassen.

2 Am nächsten Tag den Tofu aus der Marinade heben, mit dem Joghurt in einen hohen Rührbecher geben und mit dem Stabmixer pürieren. Sollte die Masse zu fest sein, etwas Marinade zugeben.

3 Die Kräuter waschen, trocken tupfen, vom Basilikum die Blätter abzupfen und zusammen mit dem Schnittlauch fein hacken. Die Radieschen waschen, putzen, klein würfeln und mit den Kräutern unter die Creme heben. Diese mit Salz, 1 Prise Zucker, Pfeffer und Zitronensaft würzen.

Nährwert pro Portion:

ca. 70 kcal	4 g Fett
6 g Eiweiß	3 g Kohlenhydrate

BOHNENMUS

125 g weiße Bohnen (aus der Dose) | 1 Eiertomate | ½ Zweig Bohnenkraut | 1 Päckchen italienische TK-Kräuter | 1 kleine Zwiebel | 1 Knoblauchzehe | 1 EL Olivenöl | 1 TL Zucker | 1 EL Weißweinessig | 2 EL saure Sahne | Salz | Pfeffer

Für 4 Personen | 20 Min. Zubereitung

1 Die Bohnen auf einem Sieb kalt abspülen und gut abtropfen lassen. Inzwischen die Tomate waschen, vom Stielansatz befreien und grob würfeln.

2 Das Bohnenkraut waschen, die Blättchen abzupfen, zusammen mit den TK-Kräutern, den Bohnen und den Tomatenwürfeln in einen hohen Rührbecher geben und mit dem Stabmixer fein pürieren.

3 Die Zwiebel und den Knoblauch schälen und fein würfeln. Eine Pfanne erhitzen, Olivenöl dazugeben, Zwiebel- und Knoblauchwürfel darin bei mittlerer Hitze glasig dünsten, mit dem Zucker leicht glasieren und anschließend gut mit dem Bohnenpüree vermengen.

4 Das Püree mit Essig und saurer Sahne verrühren und mit Salz und Pfeffer abschmecken. Das Bohnenmus schmeckt besonders gut als Dip zu Rohkost.

Nährwert pro Portion:

ca. 110 kcal	7 g Fett
5 g Eiweiß	7 g Kohlenhydrate

KICHERERBSEN-DIP

1 Dose Kichererbsen (240 g Abtropfgewicht) | 100 g Dickmilch | 2 EL Tahini-Paste | ½ TL gemahlener Kreuzkümmel | Salz | 1 Msp. Cayennepfeffer | 1 TL Schwarzkümmel
Für 4 Personen | 10 Min. Zubereitung

1 Kichererbsen in ein Sieb geben, abspülen und abtropfen lassen.

2 Kichererbsen mit Dickmilch und Tahini-Paste in einen hohen Rührbecher geben und mit dem Stabmixer fein pürieren. Dip mit Kreuzkümmel, Salz und Cayennepfeffer pikant abschmecken und mit Schwarzkümmel bestreut servieren.

Nährwert pro Portion:

ca. 100 kcal	5 g Fett
5 g Eiweiß	9 g Kohlenhydrate

OLIVENAUFSTRICH

350 g schwarze Oliven ohne Stein | 3 EL griechischer Joghurt (10 % Fett) | 1 TL Kapern | 1 Bund glatte Petersilie | 1 Knoblauchzehe | Salz | Pfeffer
Für 4 Personen | 25 Min. Zubereitung

1 Die Oliven mit dem Joghurt in einem hohen Rührbecher mit dem Stabmixer pürieren. Die Kapern sehr fein hacken. Die Petersilie waschen, trocken tupfen, die Blättchen abzupfen und diese fein hacken. Knoblauch schälen und durch die Presse drücken.

2 Kapern, Petersilie und Knoblauch unter den Joghurt heben, den Aufstrich mit Salz und Pfeffer abschmecken und servieren.

Nährwert pro Portion:

ca. 325 kcal	33 g Fett
3 g Eiweiß	6 g Kohlenhydrate

MANDELAUFSTRICH

60 g Mandelblättchen | 1 Beet Kresse | 100 g Frischkäse | 1 – 2 EL Joghurt (3,5 % Fett) | 1 EL Zitronensaft | Salz | Pfeffer
Für 4 Personen | 20 Min. Zubereitung

1 Die Mandelblättchen in einer Pfanne ohne Fett rösten, abkühlen lassen und anschließend zwischen den Handflächen etwas zerreiben. Die Kresse vom Beet schneiden und fein hacken.

2 Frischkäse mit Joghurt glatt rühren und die Mandelblättchen sowie die Kresse unterheben. Den Aufstrich mit Zitronensaft, Salz und Pfeffer würzen und servieren.

Nährwert pro Portion:

ca. 165 kcal	15 g Fett
5 g Eiweiß	2 g Kohlenhydrate

PAPRIKAAUFSTRICH

100 g Magerquark | 25 g Frischkäse | je 30 g rote und gelbe Paprikaschote | ½ Essiggurke | ½ Peperoni | Salz | Pfeffer | 1 – 2 Msp. rosenscharfes Paprikapulver
Für 1 – 2 Personen | 15 Min. Zubereitung

1 Magerquark und Frischkäse verrühren. Paprikastücke, Essiggurke und Peperoni sehr klein würfeln und unter die Frischkäsemasse heben. Den Aufstrich mit Salz, Pfeffer und Paprika würzen und servieren.

BAUCHSCHMEICHLER-TIPP:

Stuhlgang zu fest: Geben Sie 1 EL Joghurt zum Aufstrich und ergänzen Sie diesen mit feinen Kohlrabi- und Möhrenwürfeln.

Nährwert bei 2 Personen pro Portion:

ca. 105 kcal	6 g Fett
7 g Eiweiß	5 g Kohlenhydrate

LEBENSMITTELTABELLE für einen rundherum gesunden Darm

Pauschale Empfehlungen und Lebensmitteltabellen sind immer anfällig für Fehler. Gerade bei Personen mit Bauchbeschwerden müssen die Ratschläge an die Gegebenheiten und Vorlieben des Einzelnen angepasst werden. Betrachten Sie diese Tabelle daher als grobe Empfehlung! Basierend auf Ihren eigenen Erfahrungswerten und den physiologischen Wirkungen der Lebensmittel können Sie damit Tipps und Tricks in den täglichen Speiseplan einbauen. Bleiben Sie mutig – wenn Sie ein Lebensmittel gerne mögen und es nicht in der für Sie passenden Spalte finden, macht das nichts. Entscheidend sind und bleiben Ihre eigenen Empfindungen.

NAHRUNGSMITTEL UND ALLTAGSTIPPS	SINNVOLL UND MEISTENS VERTRÄGLICH ☺ ☺ ☺	MIT BEDACHT VERZEHREN ☺ ☹	WENIGER VERTRÄGLICH ☹ ☹ ☹
Getränke	Leitungs-/Mineralwasser mit wenig oder ohne Kohlensäure Kräuter-/Früchte-/Roibostee in Maßen: schwarzer, weißer oder grüner Tee, Kaffee, Espresso	stark kohlensäurehaltige Getränke Fruchtsaftschorlen (stark verdünnte Säfte) Möhrensaft Softdrinks, Limonade überdurchschnittliche Mengen an Kaffee, Schwarz-/Grüntee Instantgetränke	Fruchtsäfte, pur in großen Mengen (v. a. Apfel, Birne, Kirsche) fruktosehaltige Wellness-Wasser Getränke mit Fruktosesirup Alkohol
Alltagstipps für Getränke	kleine Mengen gleichmäßig über den Tag verteilt	puren Fruchtsaft nur in kleinen Mengen	große Mengen kalte (kohlensäurereiche) Saft- oder Süßgetränke
Gemüse	Blumenkohl, Brokkoli, Fenchel, Gurke (ohne Schale), grüne Erbsen (Dose), junger Kohlrabi, gelbe und rote Paprika, Kürbis, Kresse, Mais, Möhren, Pastinake, Radieschen, rote und gelbe Linsen, Rote Bete, Spargel, Tomaten, Zucchini, Zuckerschoten Feldsalat, Rucola, Kopfsalat TK-Gemüse	Artischocken, Auberginen, Champignons, Chicorée, Chinakohl, Frühlingszwiebeln, Fenchel, Gurke (mit Schale), grüne Bohnen, Grünkohl, grüne Paprika, Knoblauch, Kohlrabi, Mungobohnen, Palerbsen, Radicchio, Rosenkohl, Sauerkraut, Sellerie, Spinat, Wachtelbohnen gegarte Zwiebeln Azukibohnen, dicke weiße Bohnen, Linsen	grobe rohe Kohlsorten (z. B. Weißkohl), Lauch, Schwarzwurzeln Übermaß an rohen Zwiebeln Fertigprodukte (z. B. Lasagne, Tellergerichte mit wenig Gemüse) rohe Pilze

NAHRUNGS-MITTEL UND ALLTAGSTIPPS	SINNVOLL UND MEISTENS VERTRÄGLICH ☺ ☺ ☺	MIT BEDACHT VERZEHREN ☺ ☹	WENIGER VERTRÄGLICH ☹ ☹ ☹
Alltagstipps für Gemüse (mind. 2–3-mal täglich)	Gemüse als tägliche Basis einbauen und regelmäßig essen! TK-Ware, passierte/pürierte Gemüse und Suppen sind meist besser verträglich.	Nicht nur Blattsalate wählen, sondern möglichst faserreiche Gemüsesorten (siehe oben) dazu kombinieren.	Grobe oder rohe Kohlgerichte eher mit Bedacht verzehren.
Obst (1–2-mal täglich)	Ananas, Aprikosen, Banane, Erdbeeren, Blaubeeren, Himbeeren, Kiwi, Melone, Nektarine, Pfirsich	Apfel, Birne, Brombeeren, Feigen, Granatapfel, Johannisbeeren, Kirschen, Mango, Papaya, Pflaumen, Stachelbeeren, Weintrauben, Zitrusfrüchte	unreifes, hartschaliges rohes Stein- und Kernobst wie z. B. Kirschen oder Äpfel Dörr- und Trockenobst in größeren Mengen frische Feigen
Alltagstipps für Obst	Reife Obstsorten bevorzugen und ggf. als Obstkompott oder -kaltschale zubereiten.	Bei Problemen mit Obst sind diese Sorten mit Fett oder Eiweiß verzehrt besser verträglich. Faserige Zitrusfrüchte meiden.	Fett- und eiweißarme Zubereitungen wie Kompott (z. B. Apfelmus pur) oder Desserts mit Zuckeraustauschstoffen (Diabetikersüße) meiden.
Milch und Milchprodukte	Naturjoghurt, Quark Sahne, saure Sahne Ayran, Buttermilch, Dickmilch, Kefir Frischmilch (auch ESL) Käse	Rohmilch Frischkäse, Molke, Hüttenkäse Schmand, Crème fraîche probiotische Joghurts	H-Milch, Kondensmilch abschließend (!) wärmebehandelte Fruchtjoghurt- und Quarkzubereitungen Schmelzkäse
Alltagstipps für Milch und Milchprodukte	Frische Sauermilchprodukte (mittlerer Fettgehalt) regelmäßig verzehren. »Produkt-Hopping« für vielfältige Milchsäurebildner machen.	Bei probiotischen Joghurts die Menge vorsichtig steigern.	Abschließend (!) wärmebehandelte Milch- bzw. Fruchtjoghurterzeugnisse meiden.
Eier Fisch Fleisch	Rührei gekochter Fisch Lachs, Makrele, Thunfisch Fleisch oder Geflügel aus artgerechter Tierhaltung Bratenaufschnitt, Kochschinken, Corned Beef	wachsweiche Eier Räucherfisch, Heilbutt, Aal Krabben, Shrimps geräucherte oder gepökelte Wurst- und Fleischwaren	hart gekochte Eier Mayonnaise-Eier-Salate Fertigfischsalate Backfisch Fischkonserven üppige Portionen Bauchfleisch (Speck) paniertes Fleisch Fleischsalate

NAHRUNGSMITTEL UND ALLTAGSTIPPS	SINNVOLL UND MEISTENS VERTRÄGLICH ☺ ☺ ☺	MIT BEDACHT VERZEHREN ☺ ☹	WENIGER VERTRÄGLICH ☹ ☹ ☹
Alltagstipps für Eier-, Fisch- und Fleischspeisen	gedünstete, gegrillte oder gekochte Zubereitung		stark mayonnaisehaltige Saucen, scharf angebratene oder frittierte Backteigspeisen sowie fette grobe Wurst
Getreide und Kartoffeln	feines Vollkornbrot Pumpernickel Frischkornbrei, Porridge Pellkartoffeln, Kartoffeln, Reis (v. a. parboiled Reis) Quinoa, Amarant, Teff, Hirse, Buchweizen feine Haferflocken	sehr frisches Brot Toast, Zwieback, Weißbrot grob geschrotete frische Vollkornmüsli-Varianten große Roggenmengen Vollkornreis/-nudeln	Zerealien mit viel Zucker (z. B. Schoko Pops®) Pommes frites Fertigbackwaren/ -mischungen
Alltagstipps für Getreide und Kartoffeln	Brot aus fein vermahlenem Getreide und kurz erhitzte Getreideflocken (Porridge) bevorzugen. Häufiger vorgekochte Kartoffeln verwenden.	Flockenmüsli-Varianten mit hohem Trockenobstanteil reduzieren und gegen ein Müsli mit Nüssen und Ölsaaten austauschen.	grobe Schrotbrote, stark gesüßte Zerealien
Fett und Öle	Rapsöl, Olivenöl, Walnussöl, Leinöl Butter, Ghee Pflanzenmargarine	Sojaöl, Sesamöl Remoulade, Mayonnaise Palmfett, Kokosfett	stark gebräunte Butter Talg, Schmalz, Flomen in großen Mengen (bei Raumtemperatur)
Alltagstipp für Fette und Öle	Gute Öle in maßvollen Mengen stellen eine Bereicherung für viele Verdauungsprozesse dar.		Plattenfette sind bei Raumtemperatur schlecht verdaulich.
Kräuter und Gewürze	Anis, Asafoetida, Bärlauch, Basilikum, Estragon, Fenchel, frischer Ingwer, Kardamom, Kerbel, Koriander, Kresse, Kreuzkümmel, Kümmel, Liebstöckel, Minze, Muskat, Nelken, Oregano, edelsüßes Paprikapulver, Petersilie, Pfeffer, Rosmarin, Salbei, Thymian	Bockshornkleesamen, rosenscharfes Paprikapulver, Currypulver scharfer Senf Schnittlauch	Habanero, Perperoni, scharfes Chilipulver, Cayennepfeffer, Tabasco
Alltagstipps für Kräuter und Gewürze	Frische Kräuter und Gewürze können die Verdauung harmonisieren.	Ggf. Gewürze fein mahlen und kleine Mengen bevorzugen.	Vorsicht vor zu scharfen Speisen!

NAHRUNGS-MITTEL UND ALLTAGSTIPPS	SINNVOLL UND MEISTENS VERTRÄGLICH ☺ ☺ ☺	MIT BEDACHT VERZEHREN ☺ ☹	WENIGER VERTRÄGLICH ☹ ☹ ☹
Nüsse und Ölsaaten	Cashewnüsse, Kokosflocken, Leinsaatschrot, Macadamianüsse, Mandeln, Pekannüsse, Pinienkerne, Pistazienkerne, Sesam, Walnüsse	Leinsaat	
Alltagstipps für Nüsse und Ölsaaten	Fein gemahlene Nusskerne verwenden, Portionen nicht zu groß wählen (ca. 1 EL) und gut kauen.	Leinsamen schroten.	Zu große Mengen oder zu grob zerkleinerte und schlecht gekaute Nüsse und Ölsaaten
Süßes	maßvolle Mengen an Sahne-Obst-Torten kleine Mengen Sahneeis Fruchtgelee, Marmelade/Konfitüre, Nuss-Nugat-Creme, Mandelmus, klare Gelatinespeisen, Schokolade und Ölsaatenriegel	größere Mengen Eis, insbesondere Fruchteis reine Sahnetorten reine Zuckerwaren reine Fruchtriegel	zahnfreundliche Kaugummis/-bonbons kalorien- und/ oder fettreduzierte Creme-/Schaumwaren Königskuchen, Puffer lang haltbare Muffins Süßigkeiten mit Creme-/Flüssigfüllungen größere Mengen Schmalzgebäck Fertigdesserts
Alltagstipps für Süßes	Süßes ist erlaubt und meist verträglich, aber verzehrte Menge beachten!	Der hohe reine Zucker- und Fettverzehr ohne Obst macht es der Verdauung schwer.	Ein Übermaß an Zuckeraustauschstoffen, Zucker, Stärke oder Fett ist schwer verdaulich.
Besonderheiten	Lebensmittel schonend zubereiten, z. B. Schleimsuppen aus Haferflocken, Reis, Hirseflocken (mit Wasser oder in Brühe gekocht).		

Übrigens: Sie müssen den Weg einer Ernährungsumstellung nicht allein gehen. Hilfe bieten Ihnen Ernährungstherapeuten, die sich auf die Behandlung von Magen-Darm-Problemen spezialisiert haben. Unter www.daab.de, www.ak-dida.de, www.quetheb.de oder www.vdoe.de finden Sie wohnortnah zertifizierte Ernährungstherapeuten, bei denen die Kosten sogar teilweise von einigen Krankenkassen übernommen werden (siehe Seite 182).

WICHTIGE ADRESSEN

www.daab.de

Der Deutsche Allergie- und Asthmabund e. V. (DAAB) wurde bereits 1897 gegründet. Er ist der größte Patientenverband für Allergien, Asthma und Nahrungsmittelunverträglichkeiten.

Beim DAAB finden Sie Zeit, Hilfe und konkrete Vorschläge sowie Tipps, die Sie direkt umsetzen können und die Ihnen weiterhelfen. Für Sie engagieren sich hauptamtliche Beratungsexperten des DAAB. Die Arbeit des DAAB ist geprägt vom Austausch mit über 50 000 Betroffenen pro Jahr. Das Netzwerk des DAAB verfügt über eine große Anzahl von spezialisierten Ernährungsfachkräften, die sich regelmäßig fortbilden und strengen Qualitätskriterien unterliegen.

www.was-wir-essen.de

In diesem Portal finden Sie Wissenswertes rund um Ernährung und Verbraucherschutz. Verschiedene Rubriken informieren über Lebensmittel und über spezielle Ernährungsfragen. Der aid arbeitet fachübergreifend und finanziert sich nicht durch Werbung.

www.bfr.bund.de/de/gesundheitliche_bewertung_von_ernaehrungsrisiken-54470.html

Auf diesen Seiten stellt das Bundesinstitut für Risikobewertung allgemeingültige Informationen zu Risiken in der Ernährung zur Verfügung. Stellungnahmen zu ernährungsbedingten Krankheiten, speziellen Lebensmittelgruppen und zu mikrobiellen Aspekten in der täglichen Ernährung werden mit seriösen Informationen abgehandelt.

www.Foodwatch.de

Eine Verbraucherorganisation, die sich für das Recht auf sichere, gesunde Lebensmittel und für Information über das, was wir essen, einsetzt. Hier werden Unternehmen und Politik bewertet.

https://www.verbraucherzentrale.de

Information und Beratung zu verschiedenen Themen. Sammlung von unseriösen Geschäftspraktiken und Anprangern von Missständen. Eigene Seiten zu vielfältigen Ernährungsthemen.

LITERATUR-EMPFEHLUNGEN

Der Feind in meinem Topf? Schluss mit den Legenden vom bösen Essen.

von Susanne Schäfer; Hoffmann und Campe, Januar 2015

Das Blaue Kochbuch

von HEA-Fachgemeinschaft für effiziente Energieanwendung e. V. (Herausgeber), November 2011

Die große GU Nährwert-Kalorien-Tabelle 2016/17

Von I. Elmadfa, W. Aign, E. Muskat, D. Fritzsche; Gräfe und Unzer Verlag, August 2015

Schulkochbuch (Basis)

Dr. Oetker Verlag, Oktober 2014

Glutenfrei kochen und backen

von C. Schäfer und S. Strehle; Gräfe und Unzer Verlag, August 2015

SACHREGISTER

REZEPTREGISTER

Damit Sie Rezepte mit bestimmten Zutaten noch schneller finden, sind in diesem Register auch beliebte Zutaten wie Kartoffeln und Zucchini alphabetisch eingeordnet und hervorgehoben. Darunter finden Sie das Rezept Ihrer Wahl.

I

J

K

L

M

N

O

T

V/W

Z

LIEBE LESERINNEN UND LESER,

wir wollen Ihnen mit diesem Buch Informationen und Anregungen geben, um Ihnen das Leben zu erleichtern oder Sie zu inspirieren, Neues auszuprobieren. Wir achten bei der Erstellung unserer Bücher auf Aktualität und stellen höchste Ansprüche an Inhalt und Gestaltung. Alle Anleitungen und Rezepte werden von unseren Autoren, jeweils Experten auf ihren Gebieten, gewissenhaft erstellt und von unseren Redakteur*innen mit größter Sorgfalt ausgewählt und geprüft.

Haben wir Ihre Erwartungen erfüllt? Sind Sie mit diesem Buch und seinen Inhalten zufrieden? Wir freuen uns auf Ihre Rückmeldung. Und wir freuen uns, wenn Sie diesen Titel weiterempfehlen, in Ihrem Freundeskreis oder bei Ihrem Online-Kauf.

Sollten wir Ihre Erwartungen so gar nicht erfüllt haben, tauschen wir Ihnen Ihr Buch jederzeit gegen ein gleichwertiges zum gleichen oder ähnlichen Thema um.

KONTAKT ZUM LESERSERVICE

GRÄFE UND UNZER VERLAG
Grillparzerstraße 8
81675 München
www.gu.de

IMPRESSUM

GU ist eine eingetragene Marke der GRÄFE UND UNZER VERLAG GmbH, www.gu.de

ISBN 978-3-8338-5202-2
12. Auflage 2025

Projektleitung: Stefanie Poziombka
Lektorat: Cora Wetzstein
Korrektorat: Karin Leonhart
Innen- und Umschlaggestaltung: independent Medien-Design, Horst Moser, München
Illustrationen: Ela Strickert, Hamburg
Herstellung: Renate Hutt
Satz: Longo AG, Bozen
Reproduktion: Longo AG, Bozen
Druck und Bindung: Firmengruppe APPL, aprinta druck, Wemding

Printed in Germany

Der Fotograf

Jörn Rynio zählt zu seinen Auftraggebern internationale Zeitschriften, namhafte Buchverlage und Werbeagenturen. Der gebürtige Hamburger setzt Food-Spezialitäten stimmungsvoll in Szene – tatkräftig unterstützt von Michaela Suchy (Styling), Antje Küthe (Foodstyling).

Bildnachweis

Titelbild: Wolfgang Schardt, Hamburg; Autorenfotos: privat; alle anderen Fotos: Jörn Rynio

Syndication: www.imageprofessionals.com

Titelrezept

Forelle auf Streifengemüse (S. 134)

Umwelthinweis

Dieses Buch wurde auf PEFC-zertifiziertem Papier aus nachhaltiger Waldwirtschaft gedruckt.

Backofenhinweis

Die Backzeiten können je nach Herd variieren. Unsere Temperaturangaben beziehen sich auf das Backen im Elektroherd mit Ober- und Unterhitze.